"咫尺山林"与"壶中天地"
——园林意境感知与实体空间共构

苏畅 ◎ 著

中国·武汉

图书在版编目(CIP)数据

"咫尺山林"与"壶中天地":园林意境感知与实体空间共构/苏畅著.—武汉:华中科技大学出版社,2023.6

ISBN 978-7-5680-9399-6

Ⅰ.①咫… Ⅱ.①苏… Ⅲ.①古典园林-研究-中国 Ⅳ.①K928.73

中国国家版本馆 CIP 数据核字(2023)第 096718 号

"咫尺山林"与"壶中天地"——园林意境感知与实体空间共构 苏 畅 著
"Zhichi Shanlin" yu "Huzhong Tiandi"——Yuanlin Yijing Ganzhi yu Shiti Kongjian Gonggou

| 策划编辑:王一洁 |
| 责任编辑:郭雨晨 |
| 封面设计:张 靖 |
| 责任校对:阮 敏 |
| 责任监印:朱 玢 |

出版发行:华中科技大学出版社(中国·武汉)　　电话:(027)81321913
　　　　　武汉市东湖新技术开发区华工科技园　　邮编:430223

录　排:华中科技大学惠友文印中心
印　刷:湖北新华印务有限公司
开　本:710mm×1000mm　1/16
印　张:10.75
字　数:160 千字
版　次:2023 年 6 月第 1 版第 1 次印刷
定　价:89.80 元

本书若有印装质量问题,请向出版社营销中心调换
全国免费服务热线:400-6679-118　竭诚为您服务
版权所有　侵权必究

前　言

"咫尺山林"与"壶中天地"是中国古代园林的两个重要特征，分别从物理空间与虚拟空间两个层面概括了中国古代园林虚与实两个层面。"咫尺山林"，即有限空间的自然景致。经过长期的更迭进化，中国古代园林空间从真山真水的自然转向大尺度空间限定的真自然，又发展出"城市山林"的人工自然。园林与人的生活渐行渐近，而园林与生活的边界亦逐渐模糊，无为、风骨、自由的园林生活概念浸染了中国传统文人。在此背景下，园林所需的物理空间则脱离原有生产性景观的尺度影响，转向表达个人志趣并在与文人生活尺度更相近的建筑灰空间中生根发芽，"咫尺"亦是"山林"。

而"壶中天地"则更多体现了中国古代园林的思想内核。"壶中天地"源自《后汉书》的一则志怪故事，既是故事中修道老人居住的场所，亦表达出道家无为恬静的生活志趣。故事用一个违反科学常理的意象表达了古人对"虚"空间的渴望。而在园林空间中，"虚"则来源于园林文化长久以来形成的象征意义，即实际景物、景致所蕴含的深厚内容，亦可以是诗、书、画被文人以园林特有的加密与解密方法刻写在人居环境中，使得咫尺的自然成为承载志趣、文学素养、宗教等一系列复杂内容的容器。在不同的历史发展阶段中，园林所承载的文化内涵不停累加，历久弥新。"壶中"确有"天地"。

而在这一螺旋上升的发展历程中，历史厚重感叠加于园林文化之上，园林文化被解读与意会的门槛也在水涨船高。进入现代，如何正确游览、欣赏和理解中国古代园林与园林文化,也成为现代教育体系背景下的人们应思考的问题。中国古代园林文化受儒、道、释共同作用的影响,浸润文人性格与审美情趣,善于托物言志,在实体自然与思想境界的"双重感知"下创造"象外之象"的意境空间。中国古代园林虚实相生的特质是传统诗意栖居独步世界的最大特点,也是中国古代园林文化价值的内涵表征。随着社会变革与城市发展水平的提高,城市中出现了功能更加完备的各类新建绿色开放空间,既有的历史园林遗存也由私人独有转变为公共享有。游览者对绿色开放空间的认知、感知与其文化价值判断开始出现差异。此外,游览者自身的教育背景、认知背景也直接决定了其对所感知景观蕴含背景文化信息的共情程度。在主客观要素的双重影响下,中国园林空间中虚实相生、自然与人文双璧的特质难以被现代人完整捕捉、感知和意会。中国古代园林文化的真实价值无法被识别、传达以及延续,进入意境感知缺失的阶段。现代人难以运用恰当完整的思维哲学语言同中国古代园林遗存以及传统人居文化对话,传统城市人居空间中的重要文化符号与内涵价值无法被准确识别捕捉。这一现实向中国园林文化、传统人居环境的研究、保护、传播以及再创造提出重大挑战。

在问题与矛盾中,中国古代园林也留下了一柄隐秘的"钥匙",将其作为人们解读其复杂性与深沉意味的重要手段。匾额是中国古代建筑中的重要构件,通常以建筑名称为主要内容,悬挂于主建筑檐下,表达建筑名称与等级形制。而在园林中,园林建筑的匾额亦以点题的方式,表达了园主的文化志趣,如拙政园的"远香堂"表达了"香远益清,亭亭净植"的意象。园林匾额成为园主内心世界与外在世界的重要沟通桥梁,与其所对应的物理空间具有深邃的绑定关系。而如何感知、理解这一精神世界的表征,同时与其所对应的物理空间相互联系,则成为解读园林空间的下一个问题。作为游览者,如何感知、感应园林空间,也直接影响了其游览行为与游览方式,侧面影响了中国古代园林文化的保护与发展。在此背景下,本书依托作者硕士、博士阶段的研究成果,以教育部人文社会科学研究青年基金项目——众包文字与图像交互视阈下苏州古典园林景观感知偏好与机制研究(21YJCZH137)

为支撑,以中国古代园林的结晶——清西苑园林为对象,解读中国古代园林中匾额所表达的虚拟意境空间的感知形式以及与其对应的实体空间的特征,并总结规律,为中国古代园林文化的现代解读方法提供新的思路和技巧。

目　　录

1　绪论 …………………………………………………………（001）
　1.1　总论 ………………………………………………………（001）
　1.2　既往研究 …………………………………………………（004）
　1.3　研究目的及意义 …………………………………………（009）
　1.4　章节概述 …………………………………………………（011）
2　中国古代园林意境感知营造与匾额的意境表达沿革 ………（013）
　2.1　意境的概念阐释 …………………………………………（013）
　2.2　中国古代园林艺术意境审美的初生与发展 ……………（020）
　2.3　匾额艺术与匾额意境的发展阐述 ………………………（028）
3　清西苑园林历史发展沿革与特征 ……………………………（036）
　3.1　北京西苑园林发展肇始 …………………………………（036）
　3.2　清西苑园林历史发展与园林空间变迁 …………………（046）
　3.3　清西苑园林总体空间特征及研究优势 …………………（056）
4　清西苑园林匾额意境感知与空间理法规律 …………………（060）
　4.1　明旨与立意 ………………………………………………（061）
　4.2　山水间架 …………………………………………………（063）
　4.3　借景理法 …………………………………………………（087）
5　园林匾额意境感知与建筑群空间的共构特征 ………………（096）
　5.1　西苑园林的建筑群空间构成特征 ………………………（096）

5.2　建筑群类型与分布 ···(097)
　　5.3　建筑群功能类别的分类 ···(100)
　　5.4　匾额内容分类与分组 ··(102)
　　5.5　小结 ··(112)

6　园林匾额意境感知与单体建筑基本特征、立地特征、视线关系共构特征
 ···(113)
　　6.1　西苑园林建筑的虚实共构与嵌套关系 ··················(113)
　　6.2　西苑园林单体建筑分布与分类 ·····························(115)
　　6.3　园林建筑空间特征类型的划分 ·····························(117)
　　6.4　基于匾额语义的园林建筑空间特征分析 ···············(121)
　　6.5　小结 ··(127)

7　皇家园林、私家园林对比视角下的匾额意境感知与空间营造特征
 ···(128)
　　7.1　皇家园林、私家园林的差异性与共通性 ···············(128)
　　7.2　南北对比背景下中国传统园林研究的开展 ···········(129)
　　7.3　空间、匾额的量化数据统计整理与分析 ···············(131)
　　7.4　匾额意境视角下建筑分型对应的园林空间特征 ····(135)
　　7.5　小结 ··(142)

8　意境感知与实体空间共构特征总结 ·································(143)
　　8.1　意境感知与实体空间共构 ····································(143)
　　8.2　基于建筑与建筑群类型差异的共构特征总结 ········(145)
　　8.3　匾额意境感知与空间共构的综合考察 ··················(150)

9　传统园林意境感知共构的现代景观设计实践与应用 ········(153)
　　9.1　践行"城市山林"的历史命题 ·······························(153)
　　9.2　形成有中国古代园林传统审美特征的设计风格 ····(154)
　　9.3　小中见大的意境审美继承策略 ·····························(154)
　　9.4　小结 ··(155)

参考文献 ···(159)

1 绪　　论

1.1 总　　论

　　园林是指在一定的用地范围内,通过对自然环境(地形、水体等)的利用和合理改造,同时结合植栽、建筑等要素,构成以视觉观赏为主,听觉观赏、嗅觉观赏为辅的一种供休闲、休憩及居住的环境。从人类活动最初的聚落模式开始,园林便成为人类生活环境以及居住空间的要素之一,同时也成为人与自然交流交往的空间媒介。园林初生于原始茅屋、聚落的周边,表征于牲畜圈养空间以及有围合的小规模种植空间中,后逐渐开始出现的观赏植物、装饰物等附属内容,是园林最原始的雏形。生产模式变革后,居住空间形态开始产生变化,而原有的宅园并置的空间模式则大多保留了下来。世界四大古文明发端发展后,世界的文明发展格局开始逐渐确定,园林也根据不同的文化发展流派和脉络,发展出符合各自文化历史背景的地域特征。

　　中国古代园林作为世界园林体系中的重要流派之一,启发并承载了东方园林美学。在生产力水平发展迭代中,中国古代园林在功能、空间形态及文化内涵三个层面进行了长足的发展进化。

　　(1)在功能上,中国古代园林由原始的农业生产、畜牧游猎、祭祀等功能逐渐向居住、游赏、抒发园主文化认知与情怀功能转变。

　　(2)在空间形态上,中国古代园林在魏晋时期由原有的结构逐渐向皇家园林及私家园林两个谱系发展。其中,私家园林基于魏晋时期之后文人和士大夫的影响,发展出独特的自然观、山水观与有隐逸思想的审美内核。同时,皇家园林的营建也由传统的宫苑结构逐渐发展成大内御苑、行宫御苑、离宫御苑几种类型。园林与居住空间的关系也从开始的宅园并置进化为屋在山水间、园在山水间、宫在园内等新的空间关系。中国古代园林经历了3000余年的积累演进，清代是造园的高峰时期。园林营造的技艺以及传统山水观念、园林文化内核的总结浓缩，在这一时期达到了较高的水平。

（3）在文化内涵上，中国古代儒、道、释三个文化发展脉络，对园林的文化内涵进行了补充。在人居环境的营建过程中，古代造园者将传统文化内涵以及个人生活志趣以文字等要素的方式投射于园林空间，园林逐渐由原始的自然景观向人文景观与自然景观杂合的模式转化。在长期的文化浸染下，园林也在原有的单纯实体空间的基础上，加入了诗、书、画中的自然观念元素与文人内涵，从原有的实体空间演变出相应的虚拟意境空间，园林的观赏层次进行了整体的升华。这种虚实相生的空间模式和特征，也是中国古代园林区别于其他园林风格流派的显著特点。

众多学者认为，中国古代园林的营建，按照发展的规模、营建的技术等因素，基本被分为生成期、转折期、全盛期、成熟期、成熟后期五个阶段。清代皇家园林跨越了成熟期及成熟后期两个阶段，在造园手法、园林规模、文化内涵与实体空间的结合技法等方面达到了新的高度，是中国古代园林艺术的整合时期、总结时期。清代中国由入主中原的北方少数民族统治，清代统治者专心学习汉学，从中国古代传统文化中汲取营养，为继承和发展中国古代园林文脉发挥了重要的作用。在这一时期，江南私家园林的营建，凭借相对稳定的社会环境以及较高的经济发展水平，延续中国古代人居环境中的宅园并置，同时始终遵从古代文人造园的传统。清代统治者在园林营建的过程中，同样带入了具有民族特色、自然独立的山水观念，在规模、立地、结构、功能等方面形成了新的皇家园林营建的特点。在规模上，清代统治者凭借相对强盛的国力，在都城北京皇城内外进行了一系列皇家园林的营建，包括御苑、别苑以及离宫等。营建在乾隆时期达到顶峰，整体规模超过前朝。在立地上，清代统治者按照前朝的基本皇城格局，对皇城内部的御苑——西苑园林进行了增建改造。此外，清代统治者在北京西北郊的浅山地区，结合自然本底和山体地形以及丰富的水资源网络，形成了"三山五园"

的皇家园林体系,同时也在北京皇城的区域进行避暑山庄等一类依托自然山水结构的大尺度皇家园林的营建。在结构上,清代皇家园林由原有的宅园并置,发展出更复杂的园林结构。其中,园内有园、空间嵌套的新的庭园空间模式,是对传统人居环境的进一步诠释,同时也是对大尺度的人造山水结构与小尺度的人居环境空间结构关系的探索和尝试。在功能上,清代的大型皇家园林为了满足清代统治者在御苑、别苑等园林中长期居住的需要,园林内部逐渐以景点、建筑群为单位,发展出政治仪典、游览休憩、居住修身、宗教祭祀等多用途空间并存的空间分布形态。

在清代新建或修葺的皇家园林中,西苑园林的历史最为悠久。西苑园林是清代皇城内规模最大的皇家御苑园林,同时也是中国园林历史中存在时间最长、保存最为完整的皇家御苑园林。西苑园林的创立、发展过程与北京的整体城市建设规划有很强的相关性。辽、金、元、明、清五代均以北京作为权力中心进行都城及宫苑的营建活动。其中,西苑园林自元代起便被纳入北京皇城结构范围内,与宫殿区域相隔,由广阔的水体、岛屿、园林建筑等空间要素形成皇家御苑庭园空间。自元大都建都以来,西苑园林便一直作为中国传统宫苑结构中"苑"的部分,成为皇城内部规模最大的自然山水园林,其自身的发展与都城及皇城的建设产生了紧密的联系。在清代,特别是乾隆时期,西苑园林的整体结构已定型。园内的山水、岛屿、建筑群的丰富程度达到了园林发展的顶峰。各类功能的建筑群以及单体建筑,同园林内部整体的山水结构体系有机结合,同时各建筑群内部也以功能作为区分,形成了特征各异、相对独立的园林空间。同时,清代统治者对汉学的深入学习和研究,也体现在园林的虚体空间表达中。造园者运用匾额、楹联、石刻等文字要素以及建筑内部的装饰构件,表达了与园林实体空间的使用方式及习惯相符合的文化内涵,显示出清代统治者深厚的文化内涵以及自然观。西苑园林是中国古代园林发展成熟期中人居环境理念的重要总结。

在此背景下,本书以西苑园林为主要研究对象,明确西苑园林的历史发展脉络及特征规律,分析研究西苑园林内部的庭园空间特征,同时研究园林内部虚体意境空间同实体庭园空间的对应特点及规律。在此基础上,对清代园林的造园手法及意匠进行总结，明确中国古代园林虚实结合的人居环境营建内涵，对未来中国古代园林的修缮和保护进行补充。

1.2 既往研究

1.2.1 中国古代园林意境美及意境营造相关研究的综述

我国在中国古代园林研究方面对园林意境以及园林意境美学方面的研究十分丰富，其中不乏大量优秀的经典著作。学者金学智的《中国园林美学》以中国园林审美为出发点，讲述中国园林美学中意境美的思想渊源。该书将园林意境起源与中国古典文化发展历程、中国古代园林发展综合分析，总结了中国古代园林中审美意境的生成规律。学者宗白华的《艺境》一书中，《中国艺术意境之诞生》和《中国诗画中所表现的空间意识》两篇从中国古典诗画视角解释了意境之溯源，并提及了意境之于中国古代园林文化的重要性。孟兆祯先生凭借自身深厚的中国古代园林文化积淀，在《园衍》中将多年对《园冶》的深入研究同个人指导的实际项目及个人思考相结合，重新解构《园冶》，提出了围绕借景的几大造园步骤，从剖析《园冶》出发，强调中国古代园林"景以境出"的特征，梳理了中国古代园林造园理法中意在笔先的顺序，将人的概念延伸至文心、意境，是天人合一思想的更深层次理解。美学家李泽厚在其《美的历程》中认为中国古代园林是人化的自然，是自然的人化，认为传统概念的审美感受是有意味的形式，并强调了园林意境作为游览者对园林实体空间产生的复杂审美感受，其内涵也沉淀了包括社会内容的自然形式。学者张家骥在《中国造园艺术史》中，从中国传统哲学的发展角度出发，梳理了中国传统哲学思想由比德向比兴发展的这一变化对中国传统造园思想及境界审美追求的重要影响，并分析了中国传统的无限延展、唯道集虚的空间观念。

近年来，较多学者对意境美学与中国古典园林的关系等问题从不同角度进行了研究。天津大学赵向东的《名象何曾定可稽,毕竟同归天一寥——中国古典园林建筑命名与分类及其审美境域研究》从建筑命名的意境审美层面建构中国古代园林建筑的分类方法,形成具有中国古代园林美学欣赏特征的园林建筑分类研究;天津大学庄岳的《数典宁须述古则,行时偶以志今游——中国古代园林创作的解释学传统》引入解释学相关概念,从美学高度总结中国古代园林文化体系,认为中国古代园林的本质即为"精神栖居",并具体分析了中国古代园林发展过程中针对人文意境解释的"用典""兴于诗"的两类具体手法;天津大学崔山的《期万类之义和,思大化之周浃——康熙造园思想研究》对康熙时期清代皇家园林的重点建设项目及内容进行研究和统计,并进行对比分析,结合其他史料分析康熙时期的造园思想境界、独特的山水情怀与园林意境的追求;北京林业大学刘翠鹏的《意在笔先 融情入境——管窥中国园林意境的创造》从中国古典园林发展史观出发,较为系统地梳理了中国传统园林中意境创造的源流和手段;王福兴的《试论中国古典园林意境的表现方法》分析并归类了中国古典造园手法中意境的表现方法,对实体空间的营造以及文人意境的营造进行了区分;李久太的《明代园记中的空间印象分析》试图通过反推的手法,将古典文学作品中记载的庭园描写内容由文字组织而成的印象空间转化为实体空间,进一步针对具体事例,回溯明代私家园林空间布局,并进行相应研究,是古典文学作品中意境的实体化探索;何昉的《从心理场现象看中国园林美学思想》从心理场的角度,引用西方先进哲学思想,对中国古代园林意境进行了对比分析,强调了中国古代园林美学的物质性和精神性两大特点,认为中国古代园林的解读应处在特定社会及文化背景下。

1.2.2 北海史料及中国古代园林实体空间分析相关研究的综述

有关中国古代园林史论的研究,特别是明清时期北京皇家御苑造园史论的研究成果十分丰富,这些研究成果为本书提供了坚实细致的历史理论基础。其中,学者周维权的《中国古典园林史》及汪菊渊先生的《中国古代园林史》,以实例论证和建构中国古代园林历史发展脉络,是中国古代园林史纲的理论基础框架。皇家园林是中国古典造园史浓墨重彩的一部分,两位学者都对其进行了完整细致的分析,并对北京西苑园林的发展历程以及北海公园的空间格局变化等细节进行了论述。其中,周维权先生所提出的明清皇家园林鲜有创新、多是堆砌的批判性评价,为本书对北海公园实体空间分析的尺度定调和方法选取提供了一些思路。刘敦桢的《中国古代建筑史》对中国古典建筑理论发展进行了十分系统准确的研究,是本书建筑空间定调以及北海公园建筑功能及特点分类等内容的依据来源之一。曹林娣的《中国园林艺术论》在叙述中国古代园林艺术发展史的同时,将造园艺术发展同其他艺术形式的发展做了相关比对研究,例证了中国古典造园艺术的高度融合性。《清代御苑撷英》以皇家园林的园中园为研究对象,对包括北海公园、香山、颐和园等园林在内的几个御苑的平面、立面进行了测绘研究,取得了一定的研究成果,是本书研究西苑园林园中园空间特征的基础资料来源。彭一刚的《中国古典园林分析》为中国古代园林实体空间的特点及分析方法提供了重要的依据,是本书后半部分园林实体空间分析的重要依据。胡洁与孙筱祥先生的《移天缩地:清代皇家园林分析》对皇家园林与文人园林两类成就最高的古代园林进行对比研究,提出了清代皇家园林受文人园林影响的观点,并对西苑园林的若干园林实体空间进行了细致分析。计成的《园冶》将园林创作实践总结成重要的理论专著,分兴造论及园说两部分,其中园说又分为相地、立基、屋宇、借景等10篇,是本书在实体空间分析过程中选取分析要素的重要参照范本。文震亨的《长物志》与计成的《园冶》为我国古代园林艺术理论双璧。《长物志》的作者文震亨文人底蕴深厚,擅长诗书画,喜山水造园,该书是古典文人园林文人文心的重要参照。刘侗、于奕正的《帝京景物略》及余敏中的《日下旧闻考》是明清两代重要的北京史志参照文献,是本文对比北京西苑园林特别是北海公园部分明清两代历史变迁的重要参照史料。《三海见闻志》以记事形式记载了北京西苑园林所发生的重要事件,在匾额比对和纠偏工作中发挥了重要作用。《北海景山公园志》是记录北海公园历史的重要参照资料,其内容涵盖北海公园多个方面,是本书的重要基础素材。

　　此外,有关中国古代园林以及北海公园实体空间分析的研究也是相对丰富的。李峥的《平地起蓬瀛,城市而林壑——北京西苑历史变迁研究》和牛萌的《北海的历史变迁与保护》对北京西苑园林和北海公园部分自金代至清代的历史溯源研究颇深,是本书研究北海公园空间变化的重要参考文献。余娴的《北海公园空间解析》,周岩、王劲韬的《北京西苑琼岛历史与景观变迁述略》和马岩的《浅论北海园林艺术理法》以北海公园为主要研究对象,就北海的缘起、发展变迁、时代特征、丰富的建筑内容及空间特征进行总体性的分析研究。赵晓峰的《禅与清代皇家园林——兼论中国古典园林艺术的禅学渊涵》探究了禅学影响下的中国古代园林艺术的表现方式,对禅学在中国古典文化中穿插发展的脉络进行了梳理,并着重剖析了禅学对中国清代皇家园林的影响,叙述了禅学对中国古代园林意境营造的重要作用。杨忆妍的《皇家园林园中园理法研究》以中国皇家园林的园中园作为研究对象,探究园中园的发展演化、类型区分、总体布局结构特点以及造景手法与要素,从园中园角度探究中国古代园林发展历程的尺度变化规律。本书以研究方法对比为目的,参考引用的文章有《北京公共园林的发展与演变历程研究》《北京清代南苑研究》《承德避暑山庄山水地形与空间构建的分析》《潍坊十笏园的园林空间尺度研究》《园林尺度研究》《中国传统建筑空间修辞研究》《中国传统园林空间句法浅析及其对当代地域性重构的意义》《中国古典园林的拓扑关系》等。

1.2.3　西苑园林匾额及匾额的意境营造功能相关研究的综述

　　西苑园林是北京中心城区内发展脉络清晰,保存较为完好的中国古代皇家园林,其建筑匾额现存情况较为完好,虽多有调整、换位,仍可根据多种史料及文献来源进行交叉比对。李文君的《西苑三海楹联匾额通解》对西苑园林进行了深入的研究,并和不同时期与北京西苑园林相关的古籍进行对比校正研究,对西苑园林中北海、中海、南海三部分的园林建筑匾额及楹联的内容进行汇总和分析，对本书具有重要的参考价值，是本书汇总匾额的主要资料来源。赵丽的《北海匾额楹联现状分析与意境解读》调查并研究了北海公园匾额的现存情况以及调整改动的相关记录，通过对历史资料的探究还原了清代北海公园匾额的保存情况，并分析了北海公园匾额对应意境的特点。

另有其他专家学者，从较为多样的视角和切入点，对中国古代园林匾额所指与园林意境营造的关系进行了一系列研究。胡婷、严钧的《匾额意境的空间构建》由苏州古代园林开题，认为园林建筑中的匾额包含了景观建筑能指、所指和实物三部分，强调了匾额之于建筑及园林实体空间的多重功能。陈秀中的《境是天然赢绘画 趣含理要收精微——试析楹联匾额在风景园林中的审美价值》引入艺术形态学概念，分析中国古代园林作为典型的综合类艺术，所具有的艺术作品精神内容、物质形式几大要素融合的特点，试图论证匾额艺术在古代园林中发挥的点景美的特点，强调了匾额作为文字和语言艺术的精神性载体在传递思想过程中的优越性。曹林娣的《中国园林匾额的文化美学价值》通过中国古代哲学中道同器的关系分析中国古代园林造园手法中园林实体空间营造与意境营造的两重性，并举例强调了园林匾额点景、表现园林意境等媒介功能的重要性。周晓梅的《匾额楹联——避暑山庄皇家园林的点睛之笔》记述了避暑山庄自1703年始建的匾额调整及变动的相关记录，并分类叙述了避暑山庄皇家园林中匾额的形制及规格，以及匾额不同内容对应所指。张叶琳的《清漪园匾联与园林意境营造》从清漪园匾额与园林意境的关系入手，分析意境营造在古代园林造园手法中的重要地位，以及清漪园造园手法中结合匾额的具体表现。夏成钢的《清代皇家园林匾额楹联的形式与特征》针对清代皇家园林匾额的书法特征及形制等进行了罗列统计，并分析总结了清代皇家园林匾额楹联的发展源流及共同特征。

1.2.4　国外相关研究的综述

中国古代园林文化特征丰富，国外学者就中国古代园林中意境以及实

体空间的相关研究一直存在数量较少的情况。近年来,日本千叶大学园艺学研究科、造园学章俊华教授指导完成的一系列论文,围绕庭园及建筑外部空间展开相关研究,或以匾额为准确切入点,对中国古代园林匾额与园林建筑内外部空间的关系进行了一系列研究,形成了独特的方法理论基础,取得了丰富成果,多在日本造园学会刊登发表,在日本造园学界取得了一定的影响力。其中同本书相关的文章包括《承德避暑山荘における康熙36景と乾隆36景の景名と空間に関する研究》《A Study on the Spatial Composition of Pavilions and Landform-water in the Chengde Summer Resort, China》《清末の重慶市における城門外の周辺空間の構成・機能及び特徴に関する研究》《中華民国時代における南京市公館の外部空間の構成特徴に関する研究》《中国蘇州私家園林における扁額からみた建築類型別の庭園空間の特徴》《扁額からみた中国頤和園と韓国昌徳宮後園空間の特徴と比較》《中国皇家庭園頤和園における「扁額」からみた庭園空間の特徴について》《中国皇家庭園と私家庭園の「屋宇」による空間構成の特徴とその比較について》。这些文章在匾额内容的分类类比及外部空间对应研究层面取得了一定的研究成果,对本书具有借鉴意义。

1.3 研究目的及意义

1.3.1 中国古代园林相关理论的补充

中国古代园林艺术在同哲学、文学、艺术、美学等高度融合发展的过程中,形成了中国古代园林独特的审美志趣,即意境美。意境,是中国古典文化中独特的片段,是园林艺术同其他艺术形式相联系的桥梁。孟兆祯先生在《园衍》中提出"景以境出"的概念,强调造园技艺中"立意""问名"的重要性和中国古代园林"文心"的内质,将天然之境与文心境界置于天人合一的更深层次理解,是中国古代园林相关研究无法翻越的审美藩篱。

中国古代文化中的意境美,具体到中国古代园林文化审美体系中的意境美,其表达方式是非常多样的,其中尤以宋代之后的中国古代园林为代表。造园者擅长通过楹联、题额等诗书艺术表达园主对园林实体空间的意境寄托及自身心境。不仅如此,园林楹联、题额也自成体系,形成了独特的综合艺术形式,其文法、书法、刀法更被称为珍贵的"园林三绝"。因此,园林匾额是研究中国古代园林中意境与意境美最为直接和重要的资料素材。

中国古代园林的相关理论研究中,针对中国古代园林意境的缘起、理法、解释等研究较多,针对中国古代园林实体空间的分析研究成果也相当丰富。但中国古代园林意境同实体空间的对应关系相关的研究相对较少,并未有相对深入的定性研究或定量研究。

本书将以此为背景,着手研究中国古代园林建筑、构筑、景点景名、题名中的意境与园林实体空间的对应理法与规律性问题。同时,总结梳理中国古代园林意境审美的发展源流,并以北京西苑园林的匾额与实体空间样本作为研究切入点,研究中国古代园林体系中意境营造同实体空间理法的具体对应方式及共构规律。

1.3.2 现代风景园林实践的借鉴需要

现代中国风景园林探索和发展过程中,中国古代园林相关理论的研究及借鉴方面的领域始终处于重要地位。相比于西方理性规则的、基于功能的设计方法和风格,中国古代园林文化中内敛且深邃的性格更加符合东方人的审美习惯和文化基因内涵。限于现代教育结构和传统知识框架的改变,追求中国古代园林中的意境美并达到神形兼备、天人合一的认知认同存在一定难度。本书将以此为契机,采用例证和空间分析的对应研究手法,为现代园林设计中寻古、仿古的设计方向找寻可参照的具体方法手段,为现代园林实践提供参考。

1.4 章节概述

本书共分9章,以中国传统园林匾额意境感知与实体空间的共构为设问,解构中国传统园林虚拟意境空间与实体空间的对应规律与营造理法。本书以典型的清代皇家园林——西苑园林为研究蓝本,从发展沿革、理法规律、建筑群、单体建筑以及皇家园林与私家园林的对比等角度,对意境感知与实体空间的共构特征进行总结,并对其理论意义在现代景观设计实践中的应用进行拓展和展望。

第1章为绪论,概述中国传统园林总体特征,剖析研究立论依据,并对已有研究进行总结陈述。

第2章为中国古代园林意境感知营造与匾额的意境表达沿革,从意境的概念阐释出发,延伸至中国传统哲学语境以及园林艺术。解构园林意境感知表达在中国传统园林文化中的发展脉络,并进行特征总结。

第3章为清西苑园林历史发展沿革与特征,从城市、宫城以及皇城等诸多视角给清西苑园林定位,并以其发展历史阶段为切入点,对西苑园林的时空演化进行断代分析,研究对象代表性。

第4章为清西苑园林匾额意境感知与空间理法规律,从明旨与立意、山水间架、借景理法几个方面,截取典型园林空间精彩片段进行实例剖析解答,总结匾额意境感知与实体空间的对应理法。

第5章为园林匾额意境感知与建筑群空间的共构特征,以西苑园林建筑群为主要视角,讨论考察功能类型差异下的建筑群空间中匾额意境与建筑群实体空间的对应规律。

第6章为园林匾额意境感知与单体建筑基本特征、立地特征、视线关系共构特征,以西苑园林单体建筑为视角,从建筑基本特征、立地特征、视线关系等空间特征要素切入,讨论园林匾额意境感知与建筑群实体空间的对应规律。

第 7 章为皇家园林、私家园林对比视角下的匾额意境感知与空间营造特征,以清代皇家园林与清代苏州私家园林为研究对象,从权属差异视角讨论园林匾额意境感知与空间营造特征的差异性与特征性。

第 8 章为意境感知与实体空间共构特征总结,在总体视角下总结中国古典园林特别是清代皇家园林匾额意境感知与实体空间共构的基本特征与特点规律。

第 9 章为传统园林意境感知共构的现代景观设计实践与应用,探讨传统园林意境感知规律与传统园林文化传承在现代景观设计中的实践可行性与应用前景。

2 中国古代园林意境感知营造与匾额的意境表达沿革

2.1 意境的概念阐释

2.1.1 意境的概念

境是中国传统文化特有的一种审美志趣。"意,志也,从心察言而知意也";"境,疆也。"①意境的结构含义即一种发自内心的思想情趣,同时是有时空界限的、具体的心理通感,是一类可被唤醒、令人共鸣的强烈的心理感受,是超越表象的情感的沟通方式。

《辞海》解释,意境是文艺作品中所描绘的客观图景与所表现的思想感情融合一致而形成的一种艺术境界②。概念强调了意境之说是在实际图景与个人思想结合下升华的产物,是高于客观形象与个人志趣的第三类艺术形象。这与哲学家王弼于《周易略例》中提出的言、象、意的中国传统思维特点概括不谋而合。在魏晋辨名析理、意言之辩的讨论中,王弼认为,言,是形式语言,是表达方式;意,是思想情趣,是审美意境;象,是虚实结合的艺术创造(图2-1)。在传统文艺表达中,表达者通过言,创造象,来表达其意。言与意的对立统一与多变的意境表达方式,成为中国传统意境文化的基础。

---

① [东汉]许慎《说文解字》。
② 夏征农,陈至立《辞海》。

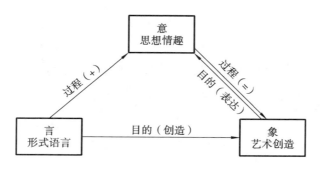

图 2-1　《周易略例》中对言、象、意的思维解释

唐代画家张璪"外师造化,中得心源"与明代董其昌"诗以山川为境,山川亦以诗为境"(图 2-2)均从山水画论与境界、山水画创作实践的角度解释

图 2-2　董其昌仿范宽《溪山行旅图》

言与意的关系,是艺术创作的无界限追求同境界的具体追求的最大化描写。在长期的发展过程中,意境审美始终是中国古代艺术形式的最终表达目的和美学的重要体现之一。

2.1.2 意境在中国古代传统哲学语境下的阐释

从儒学的角度解释,礼乐复合是社会和个人发展的基础。礼乐复合讲求社会单元中个人属性和社会属性的高度融合、统一促进,是人的两重性体现。礼,即规矩、范式、准则、礼制礼法;而乐,则代表了全部的艺术形式,代表人本初的自然性。在儒家学术的理论框架内,个人抱负的实现离不开外在的尊礼重道,更离不开个人内在的心理引导。乐代表多种艺术形式,代表儒家学说框定的一切艺术形式的本质,即个人内心境界的塑造与净化。

自老庄学说发端的道家思想,对意境发展的基础解释更具空间视角。庄子在《人间世》中提出的"气也者,虚而待物者也。唯道集虚。虚者,心斋也"[1],是唯道集虚的理论基础,是老子"大象无形,有无相生"[2]空间哲学的继承发展。对"无"的解释由空间观拓展到艺术审美范畴,即在文字图画之后所追求的无形又有形的意境之境。此类"无""虚"同有形的空间范式融合作用,是上文提到的古代艺术发展中言、意之论的另一个生长根基。

2.1.3 意境在现代理论框架下的阐释

中国传统文化中对意境的解释,可看作是对实体的表达方式和对艺术表现手法的深层次解释、更新,这与西方解释学的相关理论不谋而合。解释学源自古希腊,在20世纪得到了充分的发展。解释学认为艺术的历史沿革由不断解释迭代产生,而解释就是再创造。在解释学概念结构下,艺术作品

---

[1] 庄子《人间世》。
[2] 老子《道德经》。

是开放的而非封闭的,是流动的而非静止的。在时空变化中,艺术作品经由观赏者的解释不断发展,形成独具特色的幻化的美学效果。

学者庄岳认为,中国传统文化的发展形成了独具东方本土特点的解释学哲学与美学,正如通过中国传统诗、书、画、庭园等多种方式对"曲水流觞"主题的再创作(图 2-3),从各类艺术表现手法的审美志趣变化中足见中国传

图 2-3 "曲水流觞"的解释学再创作——《兰亭修禊图》

统文化的解释学魅力。而意境学说则是东方特色解释学传统的重要特点和工具。由创造者进行言的表达,再由欣赏者进行意的再创造与再解释,延续了艺术作品的生命力,可以说意境学说是在意境审美的发展与串联背景下发展的。

艺术形态学由苏联美学家莫·卡冈提出并发展,是比较美学的重点内容之一。艺术形态学对艺术表现方式进行解构并分类,阐释不同门类艺术的审美特征,并认为艺术作品是精神内容和物质形式的结合,包含内容美和形式美的多重性。不同的艺术种类因不同的精神内容与物质形式之间的比例和结合方式形成差异,形成不同层次的美学序列(表 2-1)。

表 2-1　艺术形态序列总谱系

1. 空间艺术			时间艺术	时空艺术	意觉时空艺术
2. 静态艺术			动态艺术		
三度空间		二度空间			
具有内在空间的	具有坚固实体的	绘画艺术 书法篆刻艺术 装饰艺术	音乐艺术	舞蹈艺术 哑剧艺术	戏剧艺术 电影艺术	语言艺术（美文学）
建筑艺术 园林艺术	雕塑艺术 纪念碑艺术					
3. 视觉艺术			听觉艺术	视觉艺术	视听艺术	想象艺术
4. 造型艺术			音响艺术	造型艺术	综合艺术	词的艺术

艺术形态学肯定了多种艺术形式的双重性,是普适的艺术解构方式,多种传统艺术形式亦概莫能外。其中,艺术的区分标准是精神层面同形式层面的比例结合关系,为意境理论的另一理论根基。

然而,传统文化中的精神层面内容同表达方式的关系并非简单的比例关系,更兼具纵向的时空关系。中国传统艺术形式需要特定的艺术形态学进行更深入的解释和分析。

场论是现代物理学的概念,同时也是现代物理学的根基,包含狭义和广义双重含义。狭义的场论包括了引力场、电磁场等物理学概念的场,而广义的场论则包括物理场在内的如数学、生理、空间等多种形态的场。心理学家库尔特·考夫卡将除物理场之外的另一类场统称为心理场。心理场包括了心理状态、心理需求和反应能力,是与现实客观存在的世界相对应并受之影响的内在场。

场论之于意境是对观赏者在进行艺术鉴赏活动中内心活动的另一种解释方式。在诗画、园林等多种艺术表达方式中,表达者的母题并不是简单的塑造空间。在东方的深奥审美诉求下,表达者被要求塑造场,即对周围环境和游览者产生深刻或潜移默化的影响的非消极环境。空间的组织和意境的表达即是其中重要的方法手段。

2.1.4 意境与中国古代艺术审美

美学家宗白华曾概括了中国古代艺术的两种框架形式。一种形式为错彩镂金、雕缋满眼的华丽艺术形式,贯穿于文学、绘画、建筑、园林等多种艺术形式的发展过程中,是高台榭美宫室的美学缩影(图2-4);另一种形式则是初发芙蓉、自然可爱的美(图2-5)。在经历魏晋的变革之后,后者关注人本的、内心的审美志趣,逐渐被认为是较前者更为高尚的美学境界。

图 2-4 错彩镂金意象——《清明上河图》局部

初发芙蓉、自然可爱的审美境界,多产生于魏晋之后的多种艺术形式表达作品,将美学的关注点向更为宽广的人类内心转移。艺术的表达样式出

图 2-5 初发芙蓉意象——隋代展子虔《游春图》

现了某种程度的精炼与简化,注重比兴与寄托,在山水间寻找人本的深刻命题,并通过表象的自然含义与要素进行表达,使得个人情操与志趣自然而然地流露出来,是意境在中国古代文艺审美中的重要根基,并在艺术作品的主人与观赏者的通感过程中,达到精神栖居这一重要命题的基本要求。

2.1.5 意境与中国古代园林美学

园林艺术是中国古代文化的集中表现形式。我国的文学及绘画传统中,其最终的表达内容即精神栖居。精神即创造者内在的志趣;栖居则指代了某种容器,即艺术表达的方式。造园艺术便是一种容器,其包容性、发展渊源与哲学、美学、建筑、自然产生了深刻的关系。

园林艺术的发展,同时也是传统哲学观念的完美诠释。孔孟的礼乐复合是游与居的对立统一,是艺与礼的相互理解,也是园林与宅园、城市、君王的基本行为准则与理想生活境遇。庄子的唯道集虚,是在园林的实体空间中寻求精神寄托,赋予无形之空间内涵意义,也是中国传统文化中自然观的概括性表达。

《园冶》是中国古代园林营造的尺规,讲求意在笔先,即造园不应仅有营造的尺规,亦有情境的规范。在本于自然亦高于自然的造园审美要求下,如何高于自然,是在"意在笔先"的框架下提出的问题。西方美学家曾提出,中国古代园林是自然的人化,亦是人的自然化,认为中国古代园林有别于西方多重流派的园林的根本即在于意,在于表达内容的跳跃,在于个人志趣情操,在于个人修养的流露。中国古代园林始终在强调本于自然而高于自然的无形部分。

园林意境,应是园林艺术的最高追求和艺术本体。园林意境假借多重造园手法,同宅园结构相配合,或者与自然山水结构交融,形成空间实体,并选择意境的诠释表达手法,进行意境的深层次营造,表达造园者的个人情感,形成心理感受上的空间扩大,形成时空对应的心理空间场所,同实体空间相复合,形成最终的园林艺术作品,完成精神栖居的初始命题。

2.2 中国古代园林艺术意境审美的初生与发展

2.2.1 殷周秦汉时期的园林意境审美

中国古代园林艺术发端于殷周时期。学者周维权认为,在早期的聚落与城市建设中,园林是以台榭、苑囿、园圃等形式存在的,具有十分清晰和明显的功能要求。台,观四方而高者,是统治阶级进行自然崇拜、观象等原始宗教活动的场所;苑囿与园圃具有很基础的生产功能,"圃"与"囿"的汉字字型演化的初期形态也很清晰地表达了这一观点(图2-6)。台榭又同苑囿等共同在垂直空间的高度和水平空间的广度上表达着古人对自然观的理解和诉求。

先秦时期,随着社会结构与生产力的不断发展,台榭与苑囿的功能定位也在发生着变化,不再拘泥于传统的宗教祭祀及动植物生产,由生产功能向游憩享乐功能转化。苑囿带有精神生活领域享乐的必要性质,存在摆脱物

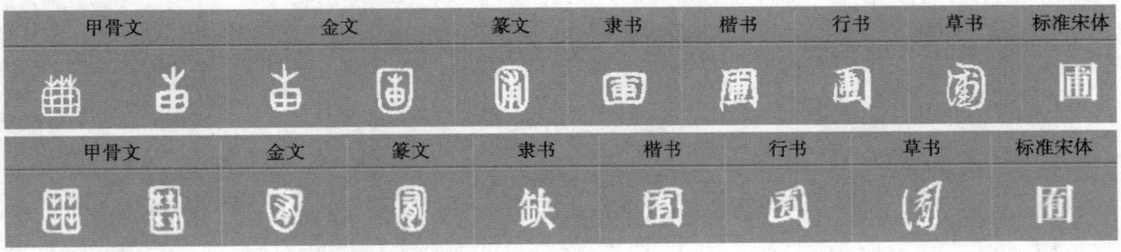

图 2-6 "囿"与"圃"的字体演化过程

质需求而追求精神生活自由性的趋势。在此背景下,园林的艺术性与园林美学的讨论应运而生。

学者金学智认为,《国语·楚语》中记载的楚灵王与伍举论章华台榭之美(图 2-7),是中国古代历史中有迹可循的关于园林美学的讨论:

"灵王为章华之台,与伍举升焉,曰:'台美夫!'对曰:'臣闻国君服宠以为美,安民以为乐,听德以为聪,致远以为明。不闻其以土木之崇高、彤镂为美,而以金石匏竹之昌大、嚣庶为乐;不闻其以观大、视侈、淫色以为明,而以察清浊为聪……夫美也者,上下、内外、小大、远近皆无害焉,故曰美。若于目观则美,缩于财用则匮,是聚民利以自封而瘠民也,胡美之为?夫君国者,将民之与处;民实瘠矣,君安得肥?且夫私欲弘侈,则德义鲜少;德义不行,则迩者骚离而远者距违。天子之贵也,唯其以公侯为官正,而以伯子男为师旅。其有美名也,唯其施令德于远近,而小大安之也。若敛民利以成其私欲,使民蒿焉望其安乐,而有远心,其为恶也甚矣,安用目观?……'"

在讨论中,楚灵王与伍举表达了个人对台榭美的见解,催生了高台榭美宫室的雕梁画栋之美与君怀苍生的功利之美这个二元审美对立的长期讨论。雕梁画栋之美如宗白华先生的错彩镂金、雕缋满眼,是形式的,而兼济天下的功利之美则如初发芙蓉、自然可爱,是人本之美。此次关于章华台的讨论,可以作为中国古代园林发展中讨论形式美同内涵美的开端,也是园林艺术发展长河中意境之审美的滥觞与雏形。

图 2-7　湖北章华台遗址

2.2.2　魏晋至唐时期的园林意境审美

学者金学智认为，中国古代园林意境审美的理论积累始于魏晋。经过殷周秦汉时期的审美启蒙，园林艺术的美学发展开始进入新的时期。魏晋时期动荡的社会环境与孱弱的集权统治，为老庄隐逸哲学的发展提供了环境，为精神觉醒与审美意识的自觉提供了优良条件，塑造了中国古代园林美学的雏形。隐逸和复归成为这个时代的主旋律。

隐逸和复归思想的背面，是时代自然观的改变。孱弱的统治阶级无力控制广大的自然山林，成为复归思想发展的另一自然先决条件。大量山林野筑兴起，自然成为诗画文人的主要取材对象。文人阶层在文艺自觉与隐逸思想的指导下，开始关注个人内心世界，通过自然景物表达个人情怀，借助自然物象表达胸中之感。寓情于景，通过切身的造园实践来完成精神隐逸的使命，由此激发出巨大的创作能量。

东晋诗人陶渊明被后人称为古今隐逸诗人之宗。其作品是时代的写照,也是后代园林艺术中意境美不竭的源泉:

《归园田居》 其四　陶渊明

久去山泽游,浪莽林野娱。试携子侄辈,披榛步荒墟。徘徊丘垄间,依依昔人居。井灶有遗处,桑竹残朽株。借问采薪者,此人皆焉如?薪者向我言,死没无复余。一世异朝市,此语真不虚。人生似幻化,终当归空无。①

魏晋至唐这一时期的文人自然,在诗画、园林意境发展中多为言的形态,即工具、手法,是创作者的假借之物。创作者身在自然,假借自然,抒发心境。这一时期是园林意境审美重要的理论基础时期。

唐代诗人王维兼论山水诗文学与山水画论,纯熟运用诗画意境的通感进行艺术创作,被后人赞"诗中有画,画中有诗"。在遁隐山林的过程中,王维通过山野园林、辋川别业的构筑,首次实现了运用园林艺术表达山水诗画境界(图 2-8),将文人意境同园林相融,相互提升,开创了园林意境美学的实践研究。

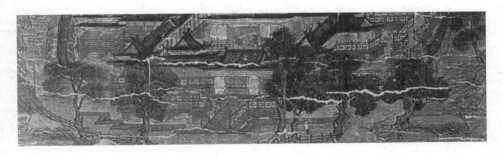

图 2-8　《辋川图》局部

王维创造性的园林实践使得意境审美开始发挥相对重要的作用。在此基础上,社会发展日趋稳定和常态化,城市规模较前朝开始有了质的扩大。隐逸山林的思想渐渐开始与街市呼应,园林的隐逸思想又有了新的解读。

---

① [晋]陶渊明《归园田居》。

《中隐》白居易

大隐住朝市,小隐入丘樊。丘樊太冷落,朝市太嚣喧。不如作中隐,隐在留司官。似出复似处,非忙亦非闲。不劳心与力,又免饥与寒。终岁无公事,随月有俸钱。君若好登临,城南有秋山。君若爱游荡,城东有春园。君若欲一醉,时出赴宾筵。洛中多君子,可以恣欢言。君若欲高卧,但自深掩关。亦无车马客,造次到门前。人生处一世,其道难两全。贱即苦冻馁,贵则多忧患。唯此中隐士,致身吉且安。穷通与丰约,正在四者间。①

这一时期是隐逸思想向城市渗透的阶段,也是文人山水的"言"向"意"转化的阶段。此时期之后,园林意境引用、借代了魏晋时期的隐逸思想。隐逸山水的文人思想,开始在城市宅园的内化园林空间中徐徐展开。

2.2.3 宋代的园林意境审美

宋代是中国古代文化发展的一个高峰时期。经历过唐代山水诗画的整体艺术熏陶之后,中国的园林艺术具有浓厚的文人气质。在宋代城市规模扩大的背景下,城市宅园中的园林出现了数量和质量的高峰。江南一带的城市宅园,代表了大隐于市、寄情山水的文人态度。

自宋代苏舜钦的《沧浪亭记》开端,文人写意园成为造园题旨的主流。自城市而林壑,讲求借物抒情、以少胜多、以山水为题、以形写神。在有限的城市宅园空间中,运用纯熟的造园手段与艺术处理技巧,将寄情山水的文人意境寄托于与闹市一墙之隔的咫尺山林之内,将有限的实体空间扩大到广袤的山水意境之中。栖居于城市,栖居于自然,栖居于山水,栖居在自己的精神之中,是隐逸哲学的回归。以沧浪亭为例(图2-9),借沧浪之水的典故,令造园者的心境同古代诗文故事中屈原的境遇联系起来,寄情城市山林抒发个人愤懑,令游览者迅速体会造园者内心具体而深刻的境遇,是园林意境在时空异位的表达。

---

① [唐]白居易《中隐》。

图 2-9　屈原形象与沧浪亭

《沧浪亭记》（部分）苏舜钦

……

予时榜小舟，幅巾以往，至则洒然忘其归。觞而浩歌，踞而仰啸，野老不至，鱼鸟共乐。形骸既适则神不烦，观听无邪则道以明；返思向之汩汩荣辱之场，日与锱铢利害相磨戛，隔此真趣，不亦鄙哉！

噫！人固动物耳。情横于内而性伏，必外寓于物而后遣。寓久则溺，以为当然；非胜是而易之，则悲而不开。惟仕宦溺人为至深。古之才哲君子，有一失而至于死者多矣，是未知所以自胜之道。予既废而获斯境，安于冲旷，不与众驱，因之复能乎内外失得之原，沃然有得，笑闵万古。尚未能忘其所寓目，用是以为胜焉！①

2.2.4　明清时期的园林意境审美

明清时期是中国园林艺术发展与园林意境审美发展的一个新阶段。在

---

①　[宋]苏舜钦《沧浪亭记》。

稳定的政治环境和高度繁荣的社会发展基础上，私家园林与皇家园林都有较大的发展空间。康乾时期围绕北京皇城的一系列大内御苑及离宫别苑营建的皇家园林，是中国现存皇家园林的精品（图 2-10）。

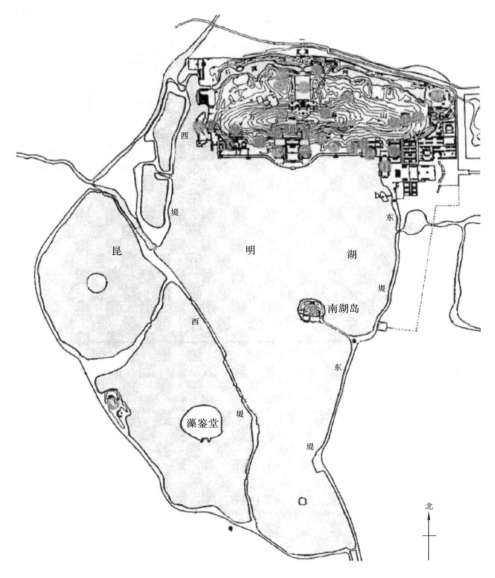

图 2-10　皇家园林典型代表——颐和园平面

周维权先生曾批驳清代皇家园林创新不足,堆砌有余,过于造作,少有开创,这是对错彩镂金、雕缋满眼之美的些许批判。但是在皇家园林的尺度、结构、时空跨度、意境审美的发展过程中,清代皇家园林也发展出了自身独有的特点。在相地上,自北方少数民族定主中原,清代统治者在学习中原传统哲学文化的同时,仍然存留独立的自然观,认为一勺代水、一拳代山的园林难以替代山林之乐,身处自然方是真自然,将大规模的皇家离宫别苑置于山林之间,这是清代统治者抒发文人情怀的一种尝试。皇城周边以三山五园为基本骨架的离宫别苑的建设便以此为据展开。清代的多处皇家离宫别苑,是"林在园中"与"园在林中"的无限复合与对立统一,是自然观的一种新的理解,也是文人山水意境回归山水的一种客观变体。

在尺度上,清代皇家园林继承和发扬了中国古代园林中的园中园形式(图2-11),以仿中有创为重要借鉴原则,对全国各处名园之结构进行重新诠释,是在山水间架中运用造园手法对其他造园者意境的一种细致揣摩和理解。学者赵向东认为,园中园的小尺度同整体山水的大尺度相互呼应,是清代统治者内心向往的文心情结同"移天缩地在君怀"的豪迈气质的呼应,同时也是"内圣外王"的传统儒学思想的完美诠释。

图 2-11 颐和园谐趣园鸟瞰

跳出园林框架,从整体的社会背景看,兴造技术的提高,为园林的意境审美同样提供了发展的空间。宋代之前有关兴造的理论著作寥寥,自宋代《木经》与《营造法式》开始,建筑设计及建构的相关范式著作开始对传统宅园的营建产生积极的作用。在此基础上,明代计成所著《园冶》的出现促进了园林营造的技术与手法的不断提高,诠释传统园林意境的手段渐渐丰富并日臻完善。造园者开始运用营造技术及理论范式进行创作,创造更有空间层次感的人居环境。在意境表达方面,造园者善用更多的象征物与隐喻物,如匾额、楹联、种植、石刻、摆件、盆景等,以大小相称的方式完成与游览者的通感,表达深邃的园林意境与园主的志趣情操。

2.3　匾额艺术与匾额意境的发展阐述

匾额艺术与意境审美的发展历程并不是始终重合的(图 2-12)。匾额艺术是一种具象的命名方式。在中国古代园林中,匾额承担了定性、点景、表达园林意境的功能。从匾额本身的功能及形制发展来看,定性、点景为基本

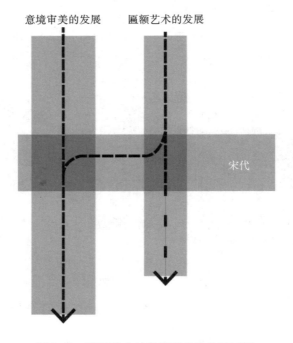

图 2-12　匾额艺术与意境审美的发展历程

的原始功能,而表达园林意境则是随中国古代文化的发展而派生的深层次功能。随着中国古代文化发展,园林意境成为造园者造园之首要功能,园林匾额这一语言艺术形式则因具有先天的文字传播优势以及较为便利的空间指向性,承担了园林意境表达中相当重要的职责,从而表现出了匾额艺术同园林意境的同期发展。原初的定性、点景等基本功能甚至发生了弱化,园林匾额直接成为园林意境表达的工具。

2.3.1　匾额意境与园林意境的同一性与差异性

匾额意境是中国古代园林意境中重要的部分以及传达园林意境的重要手段,是中国古代园林意境发展至中后期的重要特点之一。匾额作为文字的载体,准确有效地传达了设计意图,表达了引申意味,同时与园林建筑小品的实体空间产生相互关系,就园林意境与园林中更小形制的空间内部的意境而言,起到了承上启下的作用。

就匾额意境与园林意境的同一性而言,匾额意境作为园林内部表达意境的重要手段及方法,所表达的意境内容是依附于园林意境的。犹如拙政园主景区内荷花主题意境通过园林匾额表达(图 2-13),不同的园林匾额内外呼应,形成相互配合、由近及远的意境组图,连同园林其他意境以及实体空间的理法手段共同表达园主的内心情怀及境遇。

就匾额意境与园林意境的差异性而言,匾额意境依附并局限于所围绕的园林建筑小品,其所表达的意境内容在主题上依附于园林主题与气氛。在实体空间内,匾额意境则更倾向于准确表达所对应的小空间内的意境内涵,具有解释园林建筑构筑的主题功用,以及其他相对具体的功能作用,是较为具体的一类意境表达,且随时与园林意境相互呼应。

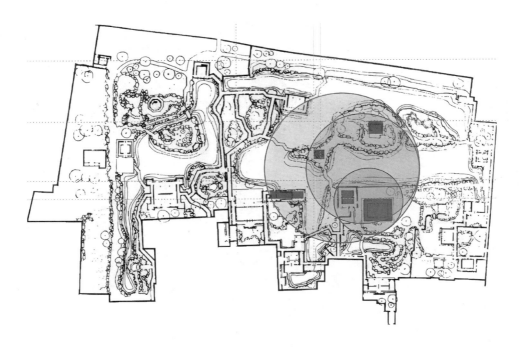

图 2-13　拙政园主景区内荷花主题匾额与意境表达范围

2.3.2　匾额在造园理法中的效用

　　匾额额题是中国古代园林中重要的构筑单元,也是主要的意境表达手法之一。中国古代园林中意境表达的方式是多样的。随着园林意境审美的发展,表达的方式同样发生了时代性的变化。从言与意的理论上讲,整体园林空间应是塑造园林意境的主题。但实体空间与虚体的意境之间的通感,则是通过园林中的景观要素配合、暗示、解释、描绘等方式共同完成的,而产生通感的桥梁可以是构筑、草木、诗词题刻、盆景摆件或更为直接的匾额额题。

　　本书从表、里两层(即结构功用与内涵功用两方面)研究匾额在造园理法中的功用(图 2-14)。从结构功用展开而言,匾额作为园林建筑构件之一,存在其自身的发展变化方式。从园林构筑兴造的角度说,匾额在园林建筑构筑的定性上发挥了重要的作用。学者赵向东认为园林建筑的命名包含了两类情况,分别是题名加建筑类名的结构和单指题名的结构。匾额内容不仅包括建筑构筑题名或园林题名,亦包括了其定性,从而将不同建筑构筑的形制和功能进行了区分。亭台楼阁、宅馆轩榭、厅堂廊殿、山房精舍,是实体空间初级的功能、形制层面的认知。

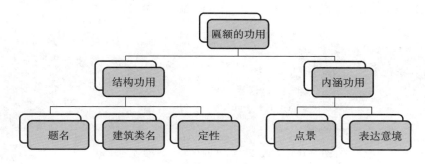

图 2-14　匾额在造园理法中的功用

匾额的内涵功用主要细分为点景与表达意境两层功能。点景是对造园之景的提炼和概括,通常以直接描述或隐喻借代的方式,对周边的景观进行一种叙述性概括,与游览者的心理暗示同步,产生在观赏之先的场所认知度和归属感。就建筑而言,匾额指明了建筑的自身形制特点以及等级地位,同时说明了建筑周边环境同建筑的关系。

匾额的点景功能同时也呼应了造园者的造园创作次序。在"意在笔先"的创作思想下,园林的情感空间应先于实体空间被感知。如网师园、拙政园,在园门之外便给游览者确定心理基调(图 2-15),即造园者远离庙堂、隐遁的文人心态是观赏园林之景的要点。

图 2-15　拙政园与远香堂匾额

此外，匾额在空间上的单向指向性也增强了其说明的针对性。常见于建筑檐下或门上的匾额具有非常强烈的空间指向性，明确地指出了园林构筑的主朝向与主视线方向，起到一定的标识指示功能（图 2-16）。表达园林意境是匾额最根本的功能。园林意境的表达属于隐性的情境描写，超越实体空间点景，是情境空间的扩大化，是言、象、意理论中对意的描述。

图 2-16　拙政园"与谁同坐轩"匾额及外环境

中国古代园林艺术具有强烈的象征性特质，从整体空间序列到园林构筑的结构构件，中国古代园林始终围绕天人合一的主题，是自然与人本思想的相互融合。通过实体空间塑造手法对自然进行本于自然而高于自然的再塑造的同时，运用多种象征与隐喻的语言，对园林的另一层面——人本思想进行诠释，即观者与园林意境的通感。但意境通常是含蓄内敛并多元化的，在园林中凭借实体空间很难完整精确地传递造园者所表达的文人心境。

因此，园林匾额便成为造园手法中重要的象征性描述手段。语言文字在意境通感和阐释的过程中相对直接，具有先天优势。从艺术形态学的角度而言，语言艺术是一类相对偏向精神内容的艺术，其精神内容因素的比例决定了其在传递意境思想过程中无须转译。语言在表达过程中更加科学、具体，可使游览者在意境感知的过程中迅速准确地理解造园者所表达的意境与情怀。

2.3.3　匾额艺术与匾额意境表达之沿革

《说文解字》记载："扁，署也，从户册。户册者，署门户之文也。"[①] 匾额

---

① ［东汉］许慎《说文解字》。

是记述门户之名的横向矩形牌匾。额,同《营造法式》中提到的华带牌或陡匾,具有同匾相似的功能,是纵向矩形形制。匾额的意象来源说明了其功用,即具有指示说明功能的牌匾,同时也是"名不正则言不顺,言不顺则事不成"的儒家思想在建筑中的形象化表达。

最早有关匾额的记录可追溯至秦朝。《说文解字注》中记载:"署门户者,秦书八体,六曰署书。"①明代学者费瀛在《大书长语》中指出:"署书者,以大字题署宫殿匾额也。"②可知,在秦朝时,署书类似清代馆阁体,是匾额专属字体,证明其在秦朝时已经存在。

最早具有明确文献记载的匾额是在汉高祖六年丞相萧何所题的"苍龙""白虎"二匾,为最早有内容记载的匾额,但此时匾额的形制却不得而知。在当时,匾额主要由统治阶级使用,与门、牌坊之类的建筑或构筑物共同作为基本组合方式,以指名为最主要的功能。直到东汉时期,匾额才开始出现相对世俗化的功用。

到了唐宋时期,匾额才真正进入世俗生活、文人的园林生活并表达更深层次的文化内涵,更多地出现于宅园中。唐代匾额的对位关系可能仍处于院落等空间组团,并未出现深入细分至单体建筑的对应关系。

进入两宋,匾额艺术自身形式内容的发展同园林审美的显性表达趋势合流,园林匾额开始成为表达城市山林意境的主要方式。皇家园林有如艮岳,私家园林有如沧浪亭(图 2-17),园中的匾额指明了构筑形制、等级,代表了咫尺空间的主旨,更诉说了园主寄托于城市而林壑的自然之意、文人之境。

两宋末期,景点、建筑的额题、石刻的内容形制亦有了新的发展。四字、多字的诗文典故开始出现于景点建筑之中,摆脱了传统的题名加建筑类名的结构,是园林匾额艺术在表达园林意境中更加纯粹化的表现。

---

① [清]段玉裁《说文解字注》。
② [明]费瀛《大书长语》。

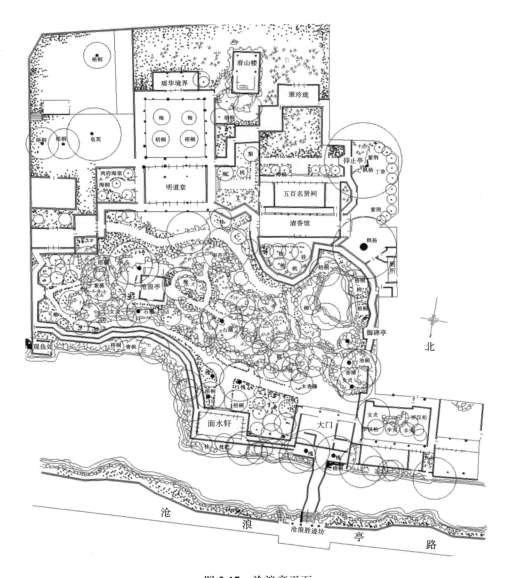

图 2-17 沧浪亭平面

明清时期,匾额的内容形制、位置以及存在方式都存在着不同程度的发展变化,其中比较显著的变化在于匾额的位置更加多样,会同建筑产生更多的组合,形成更为丰富完整的空间语义,在意境表达的层面,从单体建筑的单一指向性出发,形成了整个建筑群的园林意境。以拙政园主景区为主要例证,匾额意境的表达在其对应的实体空间范围内已经有所扩大,并产生了组合阐释的趋势,借助更大的实体空间涵盖造园者的情感志趣,是匾额意境更深层次的延展。

扩大到更大尺度的结构概念上,清代以北京为中心的一系列离宫别苑的兴建,在重新诠释清代统治者山水文人独特情怀的同时,使园林空间的结构丰富性、建筑空间的结构丰富性以及意境表达空间的结构丰富性,都有了更高水平的提升。在林中之园与园中之林的辩证空间切换的过程中,以园中园及多建筑群组等为主要聚类依据的景区开始成为园林意境的实体容纳空间。在大情怀与小情趣之间,清代统治者始终在寻找此种隐遁于山水之间的平衡。

3 清西苑园林历史发展沿革与特征

3.1 北京西苑园林发展肇始

3.1.1 北京城市历史发展影响下的西苑变革

北海以及其所属的西苑园林的发展历史同北京城市格局发展有着密切关系。从有人类农业活动记载的唐代至今，西苑园林所在区域的发展历程中存在其深刻的景观可塑性。

西苑园林水系属于高梁河水系，由什刹海南段入湖。西苑园林的建成也同当地的水网系统有着深刻的关系（图3-1）。西苑园林地区的水体原本为古永定河故道，河道迁移之后，残余的河床及低洼地带在高梁河水系的

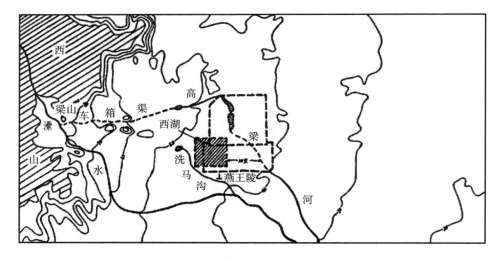

图 3-1 东周古蓟城水道示意

灌注下最终形成了之后西苑园林水系的雏形。由三海周边的考古发现可证实，早在唐代，隶属幽州城东北郊的西苑园林原址已有遍植稻荷的农业活动。

西苑园林的人工景观开发历史始于辽会同元年（938年），自辽代将幽州城定为陪都南京（即今日北京地区），统治者开始对幽州城进行城市规划及建设，同时开始了对城东北郊的湖泊风景区域（即西苑园林地区）的人工景观营建。金灭辽后，统治者延续辽代南京的原始城市结构，开始兴建金燕京城，并于贞元元年（1153年）定都燕京，改名为中都（图3-2），于大定六年（1166年）开始在城东北的湖泊风景区域进行皇家离宫的营建，将其作为供

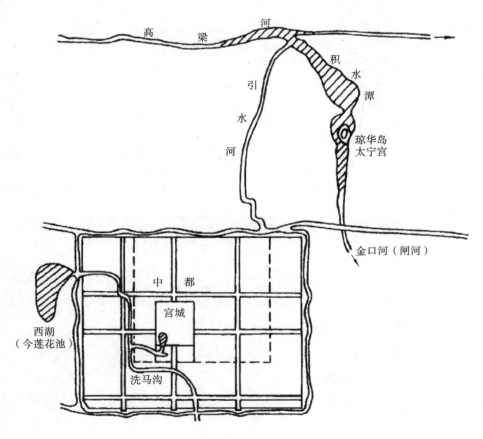

图3-2　金中都及太宁宫空间关系示意

金帝避暑的离宫,即太宁宫(图3-3)。太宁宫选址位于今北海及中海的范围,采用典型的皇家园林岛山建制,形成了琼华岛、团城、南面岛屿与大面积水系穿插组合的空间结构基础,是今西苑园林形制及规模的发展根基。

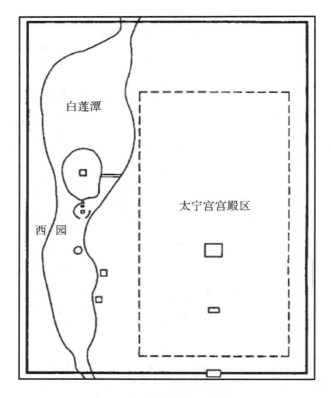

图 3-3　太宁宫格局示意

元灭金后,重新选定了大都(皇城)的位置,将前朝的原有城市基址向东北方向移动,使得万寿山(今琼华岛)成为皇城的地理中心(图3-4)。元代是西苑园林的历史定位由别苑向御苑发展的重要时间节点。中统元年(1260年)忽必烈自和林迁至燕京,开始了以西苑园林所在地为中心的大规模城市建设,并赐名为万寿山苑(图3-5),以前朝的基本景观骨架为蓝本进行了大规模的修葺工程。

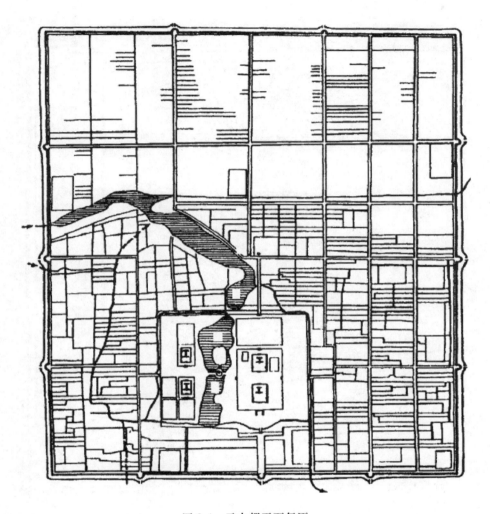

图 3-4 元大都平面复原

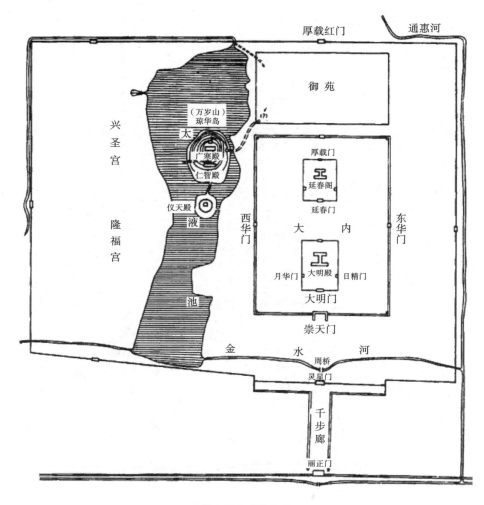

图 3-5 万寿山苑

明灭元后，万寿山苑被保留下来，经过明成祖朱棣的一系列修葺建设，最终被称为西苑。万寿山苑的修葺始于永乐十九年（1421年），在明朝廷决议迁都北京之后，西苑园林的建设亦成为非常重要的一部分。永乐时期的西苑园林较前几朝有了较为明显的区别，在沿袭基本骨架的基础上进行了扩建，包括南海瀛台，北海的东、西、北侧都有了较为明显的建筑增补和其他建设活动（图3-6、图3-7）。后嘉庆、万历两朝大兴土木，西苑园林作为距皇城最近的大型御苑，其规模和内容也在不断扩大和丰富。西苑园林不再局限于之前的简单游赏，加入了藏书、祭祀等与皇家生活联系紧密的功能。

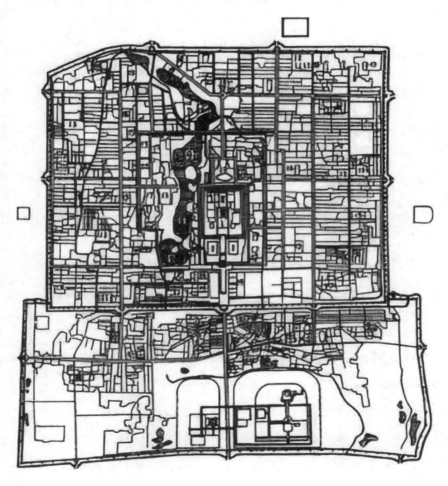

图3-6　明清北京城平面复原

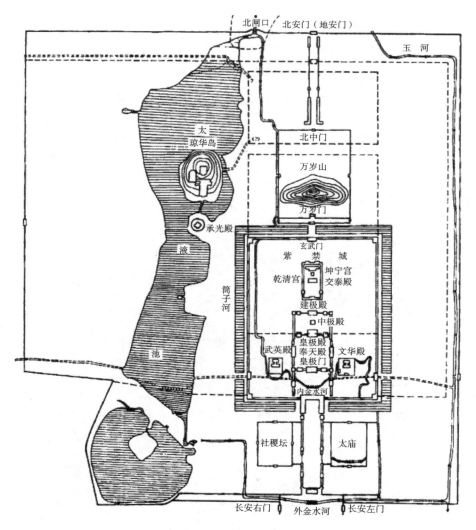

图 3-7 永乐时期的西苑园林

  清代统治者定都北京之后,较为完整地保留了西苑园林这一重要的皇家御苑。同时,区分了瀛台所在的南海、蕉园所在的中海以及五龙亭所在的北海。西苑园林自顺治八年(1651年)开始重新修葺,琼华岛上的白塔即为此时修成。此后,康熙、雍正两朝并未对其进行较大规模的整修。乾隆登基后,对西苑园林特别是北海部分开展了一系列较为繁复的建设活动,御苑范围略有扩大,大量游憩功能建筑加入其中。光绪年间亦有较大规模的修葺活动,但没有达到乾隆时期的程度。从某种程度上讲,乾隆时期的西苑园林是相对成型期,代表了西苑园林较高的园林艺术成就。

清代末期,西苑园林受到了不同程度的破坏,当时清政府对其进行了一定程度的维修和保护,自后便再无修葺。民国二年(1913年),西苑园林由清王室移交袁世凯政府,并由袁世凯政府军管理。在此期间,袁世凯政府将总统府迁入西苑园林中南海,并在民国十四年(1925年)将北海辟为开放公园,形成了北海开放式园林以及中南海政府用地的分化,这种分化延续至今。其功用的分离与北海公园的原有景观格局以及各独立部分的空间尺度特征是存在一定联系的。此后的一段时间内,由于时局动荡,北海公园一度多次受到军事管制,建国之后才正式成为城市公共园林的一部分,供市民游赏。

3.1.2 西苑园林功能与结构的发展

西苑园林的空间结构由自然化的景观基底向皇家御苑演化,历经六朝更迭、皇城变迁(图 3-8、图 3-9),最终成为今日无比重要的历史文化遗产。现今西苑园林的空间结构与清代鼎盛时期的空间结构是基本相同的,但形成如今的景观格局却经历了相当漫长的过程。

辽代的由自然本底向风景的人工化发展是西苑园林发展的开端,是优秀的自然景观资源的转译与进化,是西苑园林得以存于六朝的重要内在因素。在最初的建设活动中,规划设计者有效利用了当地原有河道低洼地带的潜在景观资源,精于选址,最终形成了西苑园林的自然本底与空间结构基础。金代统治者在西苑园林的营建修葺过程中将其定位为离宫别苑,并以一池三山的传统皇家园林山水格局进行整体空间梳理,形成了包括现今北海以及中海在内的区域范围。金朝是西苑园林山水格局形成的重要时间节点。此后明永乐时期南部水域的扩建是西苑园林景观格局的另一重要变化。南海的出现是传统一池三山空间格局的突破,将原有的山水格局扩充为三池三山、稍有分割的空间结构。在之后的园林营建过程中,北海同中海

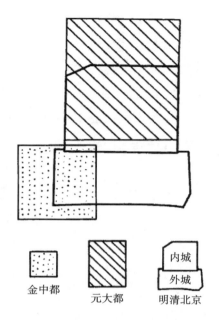

图 3-8　金、元、明、清北京城址变迁示意

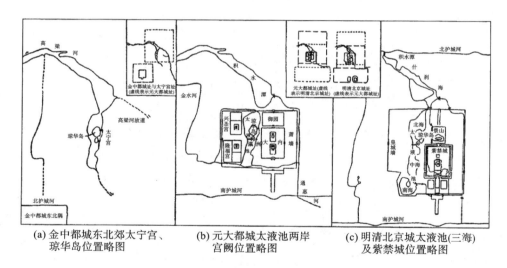

(a) 金中都城东北郊太宁宫、琼华岛位置略图
(b) 元大都城太液池两岸宫阙位置略图
(c) 明清北京城太液池(三海)及紫禁城位置略图

图 3-9　太液池演变示意

以及南海因为先天空间开敞的优势,其营建力度也略有侧重,亦成为其后来功用分离的因素之一。在后期的发展中,西苑园林北海部分以其独特的空间开敞与丰富度、山水间架以及多种活动功能内涵的包容能力,成为西苑园

林建设的主要区域。

西苑园林的功能定位在发展的过程中也不断进化,与不同时期的皇城位置、两者之间的位置及皇城等级定位等因素也有关系(图3-10)。辽代最初将西苑园林作为南部陪都的郊野风景区,并进行景观化处理,是自然风景资源人工化的初级阶段。金代之后,统治者正式按皇家离宫别苑的定位对西苑园林进行营建,提升了其定位高度,拉近了其同皇城的地理联系以及功能联系,使西苑园林成为以皇家游赏为主要使用功能的离宫别苑。此后的三代,由于皇城位置的迁移,作为离宫别苑的西苑园林成为紧邻皇城的皇家御苑,其营建内容也由单纯的游赏功能逐渐扩充,形成了集游览、居住、玩赏、收藏、宗教祭祀等多种功能于一体的综合性皇家御苑。同时,为了配合西苑园林空间结构的调整,内部的功能内涵也分散布置,形成了北海部分同其他区域不同的更加丰富的功能内涵,是西苑园林功能定位、空间结构在其后发展的依据,也是本文立足的发展历史背景根基。

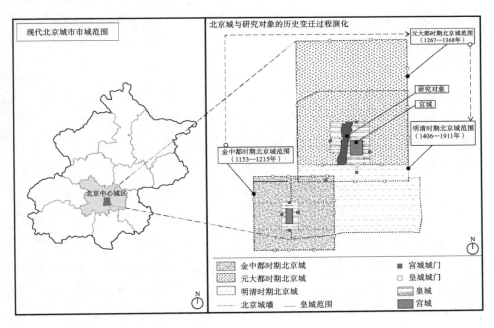

图3-10　研究对象时期演变

3.2 清西苑园林历史发展与园林空间变迁

辽、金、元、明、清五代均以北京为权力中心，进行都城及宫苑的营建活动。其中，西苑园林是北京皇城内规模最大，同时也是中国现存建园时间最早的皇家园林，自元代起便被纳入北京皇城结构范围内，与大内宫殿区域相隔，由广阔的水体、岛屿、园林建筑等空间要素共同构成整体皇家御苑庭园空间。其中，北海部分于1949年后成为公共的开放公园并延续至今，中海及南海部分被划归为中央人民政府驻地。

自元大都建都以来，西苑园林便一直作为中国传统皇城宫苑结构中"苑"的部分，成为皇城内部规模最大的自然山水园林，自身的发展同都城及皇城的建设产生了紧密的联系。由于在不同历史时期中，北京皇城的位置、规模以及等级定位不同，与之相对应的，西苑园林的整体定位以及营建规模也表现出了时代差异；西苑园林内部的水体、山体、建筑等园林要素，也在不同时期特征各异。

由于西苑园林发展特征复杂，庭园空间变迁的时期性特征较为明显，因此，有关西苑园林历史变迁的相关研究中，学者以庭园空间的变迁及特征作为切入点，将西苑园林内部的空间结构、建筑等庭园空间要素的变迁特征同西苑园林在北京皇城的规模和空间形态变迁背景下的特征变化进行联系和分析比对，是更全面和明确地把握西苑园林历史变迁特征的有效方法。

涉及西苑园林庭园空间变迁的既往研究主要集中于北京都城及皇城整体空间变迁研究、各发展时期园林建筑内容及变化的相关研究两个方面。

一方面，部分学者从北京城市发展的角度，对北京皇城变迁以及西苑园林的规模、位置进行了相关考证并图示化表示，另有学者着重对金、元两代西苑园林的具体位置、规模以及同当时北京皇城的关系进行了相关研究。

另一方面，相关学者以西苑园林在各个发展阶段中的总体特征以及建筑变迁为研究角度,对西苑园林的发展过程进行了相关研究,例如以西苑园林北海琼华岛为研究对象,对庭园空间结构进行的相关研究,以及以建筑形制及匾额内容为研究视角,对清代西苑园林进行的考察研究。

西苑园林相关的既往研究,大多以朝代为时间界限,分阶段对西苑园林的总体空间及园林建筑进行考察叙述,缺少对西苑园林发展过程中的庭园空间变化特征的考察叙述。因此,本章将总结西苑园林在各时期不同空间维度下的庭园空间构成要素的变迁过程,并对西苑园林整体的空间发展变迁特征进行考察和总结。

3.2.1 历史变迁研究方法

首先,本文以西苑园林营建发展的阶段性特征为依据,将西苑园林的发展过程分为四个时期,分别为金太宁宫时期(1179—1261年);元万寿山苑时期(1261—1416年);西苑前期(1416—1736年);西苑完成期(1736—1912年)。

其次,以园林外部空间变迁维度为切入点,对西苑园林各个发展时期的范围、规模以及皇城规模和结构,以相关文献为依据进行数据的统计整理,对西苑园林各时期皇城的空间结构、尺度,西苑园林的空间结构、尺度比例关系进行统计和对比分析。

再次,以西苑园林内部构成庭园山水骨架的岛屿与水体变化为切入点,对西苑园林内部的整体空间特征变迁展开研究。对水系、庭园整体面积及比例关系统计分析,同时对西苑园林苑墙结构、桥梁、入口等影响空间结构的相关要素的变迁特征进行总结,并以西苑园林内部的单体建筑及建筑群的变迁过程为切入点,对各发展时期内西苑园林内部的单体建筑及建筑群的数量、建筑功能进行统计分析,考察西苑园林建筑数量和功能在各时期的分布特征以及对庭园空间变迁的影响。

最后,以西苑园林在外部皇城空间变迁维度、内部整体庭园山水空间架构维度、园林建筑分布及功能维度三个维度中庭园空间要素的变化内容以及整体的变迁过程为依据,对西苑园林总体发展过程中的庭园空间变化特征进行讨论和考察,并总结相关结论。

3.2.2 西苑园林外部空间结构变迁

1. 金太宁宫时期

金太宁宫时期是西苑园林的始创期。在这一时期,金中都作为北京所在都城,其整体规模以及皇城规模均比后几个时期小,其中皇城位于金中都中心,整体面积为 228.00 hm²(表 3-1),位于太宁宫西南方向,是西苑园林发展过程中皇城面积最小的一个时期。金中都作为金代五个都城之一,当时还未按照国家政治中心建设,因此金中都的建设并未达到后来三个时期中都城和皇城的营建规模(图 3-11)。

表 3-1　各时期皇城面积与水域面积统计

时期	皇城面积/hm²	园林面积/hm²	水域面积/hm²
时期Ⅰ(1179—1261 年) 金太宁宫时期	228.00	471.00	80.00
时期Ⅱ(1261—1416 年) 元万寿山苑时期	475.60	70.90	63.00
时期Ⅲ(1416—1736 年) 西苑前期	632.30	133.60	84.30
时期Ⅳ(1736—1912 年) 西苑完成期	632.30	152.10	84.30

金太宁宫时期的西苑园林,被金代统治者定位为位于皇城结构之外的离宫别苑。金太宁宫时期的园林面积为 471.00 hm²,是皇城面积的两倍。

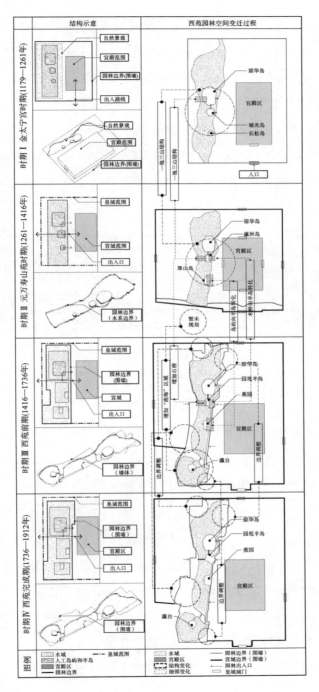

图 3-11 西苑园林总体规模结构与皇城变迁关系

这一时期是西苑园林发展过程中园林面积占皇城面积比例最大的时期(图3-12)。在此时期中,园林的边界规整,四周由规整围墙围合,仅南侧有入口。整体结构由西侧水系以及岛屿组成的自然园林区以及水系东侧的宫殿区构成,对园林的游赏区以及居住区划分明确。其中,宫殿区承担了金代统治者驻跸离宫的多种功能,所以西部自然山水空间的建筑数量较少,仅有6处(表3-2),且功能较为单一,均为游览休憩功能,建筑群仅有琼华岛中心的广寒殿以及南部长松岛建筑群,单体建筑分布于瑶光岛以及长松岛东侧的滨水空间。

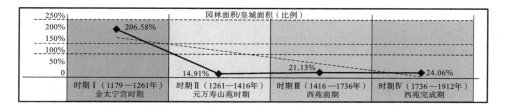

图3-12　园林面积与皇城面积的比例变化

2. 元万寿山苑时期

元万寿山苑时期,元代统治者将金太宁宫所在的金中都东北部作为新都城的选址,并利用长轴为东西向的矩形空间结构代替了原有的长轴为南北向的矩形空间结构(图3-11),皇城的规模较前一时期有了明显扩大,面积由228.00 hm² 增加为475.60 hm²。这一时期,西苑园林所在的自然山水区域被元代统治者划入皇城结构中,是西苑园林成为皇家御苑的开端。

同时,由于西苑园林的整体范围由前一时期的规整苑墙转化为由皇城内部原有水体空间隔离成的自然山水结构,园林面积较前一时期有了明显缩小,由原有的471.00 hm² 减少为70.90 hm²,并由水体占据绝大部分空间(图3-13),园林面积占皇城面积的比例也降低为14.91%。这一时期是西苑园林发展过程中园林面积占皇城面积的比例最小的时期。

表 3-2　西苑园林单体建筑及建筑群

编号	建筑名称(单体/群体)	功能	金太宁宫时期(1179—1261年)	元万寿山苑时期(1261—1416年)	西苑前期(1416—1736年)	西苑完成期(1736—1912年)
1	广寒殿	E	◆	◆	◇	◇
2	瑶光楼	E	◆	◆	◇	◇
3	长松岛	E	◆	◆	◇	
4	蕊珠殿	E	◆	◆		
5	熏风殿	E	◆	◆		
6	临水殿	E	◆	◆		永安寺
7	仁智殿	R	◇			
8	延和殿	E	◆			
9	介福殿	E	◆			承光殿
10	牧人室	E	◆			
11	马湩室	E	◆			万善殿
12	玉虹亭	E	◆			
13	金露亭	E	◆			
14	瀛洲亭	E	◆			
15	方壶亭	E	◆			
16	胭粉亭	E	◆			
17	温石浴室	E	◆			
18	荷叶殿	E	◆			
19	悦心殿	P			◇	◇
20	西天禅林	R			◇	◇
21	神应轩	L			◇	◇
22	五龙亭	E			◇	◇
23	太素殿	R			西天佛寺	◇
24	紫光阁	P			◇	◇
25	时应宫	R			◇	◇
26	涵元殿	P			◇	◇
27	勤政殿	P			澄观堂	◇
28	淑清院	L			◇	◇
29	丰泽园	P			◇	◇
30	纯一斋	L			阐福寺	◇
31	琳光殿	R			◇	◇
32	延南薰	E			◇	◇
33	碧照楼	E			◇	◆
34	蟠青室	E				◆
35	一房山	E				◆
36	水精域	E				◆
37	挹山亭	E				◆
38	阅古楼	E				◆
39	酣古堂	E				◆
40	宙鉴室	E				◆
41	分凉阁	E				◆
42	撷翠轩	E				◆
43	交翠亭	E				◆
44	看画廊	E				◆
45	见春亭	E				◆
46	智珠殿	R				◆
47	迎旭亭	E				◆
48	倚晴楼	E				◆
49	极乐世界	R			◇	◇
50	亲蚕殿	R			◇	◇
51	濠濮间	E			◇	◇
52	画舫斋	L			◇	◇
53	镜清斋	L				◇
54	海晏堂	L				◇
55	仪鸾殿	L				◆
56	延寿斋	L				◆
57	同豫轩	E				◆
58	水云榭	E				◆
59	清音阁	E				◆
60	结秀亭	E				◆
61	荷风惠露亭	E				◆
62	自在观	E				◆
63	鹭涛室	E				◆
64	宝月楼	E				◆
65	茂对斋	E				◆

图例　---建筑存续　◆单体建筑　◇建筑群　□名称变化　○功能变化

注释：
R—宗教祭祀；L—居住修身；E—游览休憩；P—政治仪典

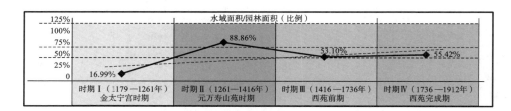

图 3-13　水域面积与园林面积的比例变化

元万寿山苑时期中,建筑的整体数量、功能构成以及分布特征有明显变化(图3-14)。建筑数量由上一时期的6处增加至14处,较前一时期有了一定规模的增多。增加的建筑主要为亭、室等小体量游览休憩功能类单体建筑,原位于琼华岛中心的广寒殿建筑群及南部瀛洲岛中心的建筑则得到了保留。此外,这一时期中出现了以宗教祭祀为主要功能的单体建筑,这是西苑园林在发展历程中由单一的游览休憩功能向多功能转化的开始。在此时期,建筑主要围绕琼华岛广寒殿主建筑为中心分散布置,现今已没有上一时期南部的犀山台(长松岛)及琼华岛东侧水岸区域内建筑存在的记载。

3. 西苑前期

在西苑前期这一发展时期,北京是中国政治核心。明成祖迁都北京后,皇城的规模和结构进一步扩张调整。皇城面积较上一时期增加了156.70 hm^2,达到632.30 hm^2。在东西方向宽度变化不大的前提下,皇城范围向南北方向扩展,形成了有南北延伸趋势的更大规模的皇城结构。

此时期西苑园林开始出现苑墙和出入口结构,形成了较前一时期相对封闭的独立山水空间体系。此时的园林面积由原先的70.90 hm^2 变化至133.60 hm^2。园林面积占皇城面积的比例也由上一时期的14.91%提高至21.13%。苑墙围合成一系列临水空间以及园林南部南海水系的增添,是西苑园林绝对规模和相对规模均扩大的原因。

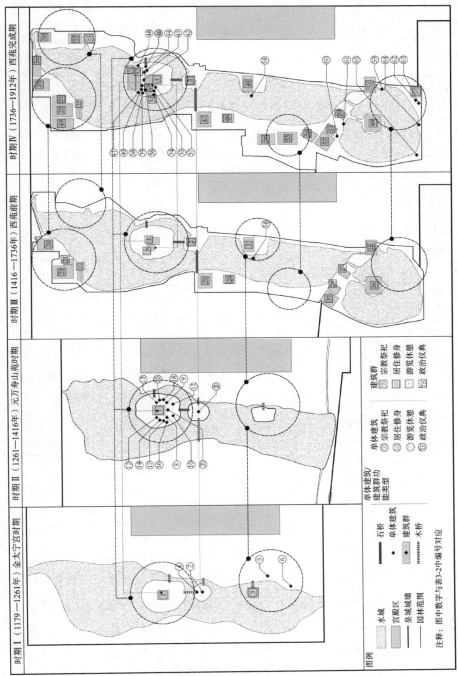

图 3-14 西苑园林建筑单体及群体变迁示意

西苑前期中,西苑园林的建筑分布、数量、功能种类等要素又较上一时期体现出不同特征。这一时期中,建筑数量与上一时期基本持平,绝大多数为建筑群。建筑单体及建筑群较前一时期的宗教祭祀功能及游览休憩功能,新增加了政治仪典功能类和居住修身功能类建筑群,这两类建筑群具有同统治者日常生活联系更为紧密的功能(图3-15)。西苑园林向多种功能并存的形式转变。

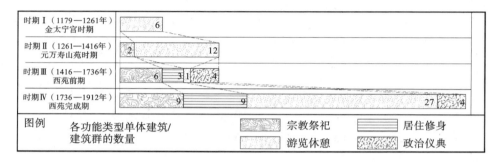

图3-15　西苑园林各时期单体建筑及建筑群功能变化

这一时期采用以苑墙围绕水体空间的方式代替前一时期以水岸为自然隔离的方式,为围绕水体的单体建筑及建筑群创造了空间。建筑的分布形式与上一时期中将游览休憩类单体建筑集中于琼华岛的布置形式有明显不同。北海的北部,中海的西部、南部及东部水岸的蕉园半岛以及南海的中心岛屿均配置有建筑群。建筑布置形式变化为功能各异的全园分散形式,但仍以水体空间形成向心集中的形式。

4. 西苑完成期

西苑完成期中,北京都城及北京皇城的规模和结构完全沿袭前朝建制。整体的结构和规模均没有进行变化调整,仅北海北部、东部,中海西部以及南海南部的苑墙范围有细微调整,使西苑园林的整体规模略有扩大,园林面积由上一时期的 133.60 hm^2 增加至 152.10 hm^2。同时,园林空间对皇城公共空间的挤占使园林面积占皇城面积的比例由 21.13% 提高至 24.06%。

从西苑园林规模结构变化的四个时期综合分析可见,就园林定位而言,西苑园林由金太宁宫时期的离宫逐渐变为后期的皇家御苑,跟随皇城结构和位置而变化,使西苑园林与皇城以及统治者生活、政治活动的中心——宫城有了更加紧密的联系;就与皇城变迁相关联的比例变化而言,虽然金太宁宫时期是西苑园林整体发展时期中相对规模和绝对规模最大的一个时期,但定位转变为御苑后的西苑园林,在绝对规模和相对规模上始终保持了扩张的趋势;就整体的结构模式而言,西苑园林的结构也由自然园林-宫殿区结构变化为处于皇城内部、未由明确苑墙隔离的水体-岛屿结构,再发展成为最终的有明确苑墙、苑门分隔空间的独立御苑结构。

西苑完成期是西苑园林整体发展过程中庭园建筑数量及种类最丰富的时期,主要增加的是整体园林山水空间特别是琼华岛区域中游览休憩类单体建筑。同时,在上一时期的建筑布局形式基础上,除了对上一时期的建筑群进行整体保留,根据苑墙范围扩大化调整,构筑了极乐世界,以及镜清斋、画舫斋、海晏堂、仪銮殿、同豫轩等建筑群,并在琼华岛区域增加了琳光殿、碧照楼、延南熏、蟠青室、一房山等单体建筑以及建筑群,极大丰富了琼华岛的游赏活动内容以及游览动线,使其再次成为自元万寿山苑时期后西苑园林游赏活动的重心。

从西苑园林整体庭园空间结构变化的四个时期综合分析可见,就建筑空间分布而言,西苑园林建筑分布的发展过程经历了单体建筑分散布置——单体建筑集中布置——建筑群分散布置——单体建筑集中、建筑群分散布置四个阶段。就建筑功能内容而言,西苑园林建筑经历了由单一的游览休憩功能向宗教祭祀、政治仪典、居住修身、游览休憩多功能集锦式的发展。

3.2.3 西苑园林内外部历史变迁总结

就西苑园林发展过程而言,不同时期中空间变化的维度和主要内容各有不同,各维度要素的变迁相互影响、相互制约,体现了西苑园林整体变迁过程的复杂性。因此,本书对以上不同维度的变迁特征进行总结并横向联系考察,总结西苑园林的整体发展特征。

在金太宁宫时期及元万寿山苑时期这两个发展阶段,西苑园林的结构、定位、规模受到了外部都城、皇城规模结构变迁以及城市水利系统变化的较大影响,其初始规模、空间结构以及建筑的布置均随西苑园林整体规模结构以及与皇城的关系变化而发生改变。而内部一池三山的空间结构以及相对单一的建筑分布及功能配比则未有明显变化。在这一阶段中,西苑园林外部皇城空间变化是其在发展初期空间变化的主要体现特征。

西苑前期,西苑园林随都城位置以及皇城结构规模的确定相对定型,西苑园林的变化特征开始体现在西苑园林内部的山水结构以及建筑分布方面。在这一时期,水体空间形成了同元万寿山苑时期完全不同的空间布置形式,传统的一池三山结构被三池三山结构所替代的同时,西苑园林建筑的功能丰富度提高以及建筑群的大规模出现,使西苑园林由元万寿山苑时期的开放式山水鉴赏空间向多功能内向式建筑群形成的集锦式空间转变。这一时期西苑园林山水空间结构的变化以及建筑分布的变化,是其空间变化的主要特征。

在西苑完成期,山水空间结构已进入绝对稳定时期。园林主要的发展变化方向集中于园林内部建筑的数量及功能。这一时期,原有建筑群和单体建筑数量增加,被建筑群主导的内向集锦式空间模式逐渐转变为内向集锦式与开放游赏关联紧密的新空间模式。这一时期,园林建筑功能及配置形式的变化是其空间变化的主要体现特征。

3.3 清西苑园林总体空间特征及研究优势

3.3.1 开放式的大内御苑

西苑园林,特别是西苑园林的北海部分,是古代园林中大内御苑的一类开放式范例。清代的其他大内御苑园林,如御花园,同建筑具有非常密切的关系。在保证传统建筑形制、等级以及功能的基础上有机嵌入庭园,来填充规整的建筑群格局。

西苑园林依托了城市重要的水系,在紧邻禁苑的区域内形成了另一形制的大内御苑。整体空间开放舒朗,采用开放的规划设计策略,在人工的山水间架中兴造点景,并包含游览休憩、居住修身、宗教祭祀等多种功能,摆脱了传统大内御苑受建筑格局所限的内向式状态,形成了开放式的大内御苑。

3.3.2 集中式的城市聚集焦点

针对中心岛屿琼华岛的修葺活动始终是西苑园林发展历程中的核心部分。在自然本底良好的西苑园林内进行一池三山结构的岛山的堆筑,这体现了琼华岛在景观创造之初即被统治者赋予独特的传统隐性人文内涵。在乾隆时期的营建过程中,宗教内涵的引入以及多样的园林建构的加入,为北海琼华岛注入了更加丰富的自然内涵与人文内涵。

清代统治者于清顺治八年在元代广寒殿旧址内新建白塔,即永安寺白塔。塔高 35.90 米,是西苑园林的绝对中心,也是城市的视觉焦点(图3-16)。西苑园林中的建筑突破了传统的围墙限制,是视觉上的开放体验。这一独特的聚焦式的城市景观成为西苑园林的象征,也成为其后北海公园乃至北京的象征。

图 3-16 南向仰观永安寺白塔

3.3.3 丰富的园中园尺度集萃式园林

在西苑园林历代修葺的过程中，规划设计者利用这一区域内水域面积广阔与周边游赏动线狭长的特点，使其逐渐发展为具有鲜明空间特点的大内御苑形式。规划设计者借鉴传统皇家园林中自然山形水势的规划设计模式，在城市山林中营建集萃式的皇家园林，利用多个建筑组团与园中园的相互组织，保留了狭长的滨水游赏动线，同时采用串联式的景点排列方式丰富了整体区域的功能内涵和游览乐趣，使其与统治者的自然山水观念形成呼应。

在此基础上的西苑园林匾额意境与空间表达理法的研究与其他针对离宫别苑的相关研究有所区别，形成对清代皇家园林意境在禁苑与别苑中差异化表达方法的深层认知。

3.3.4 宗教属性与祭祀仪式

自元代开始，就有宗教祭祀活动在西苑园林举行的记载。进入明清时期，特别是清代，北海部分的宗教与祭祀功能越发重要。西苑园林内有丰富的宗教主题建筑，如永安寺、阐福寺、极乐世界、西天梵境等，多种教派相互融合，形成了西苑园林北海部分活泼的宗教气氛。

此外，祭蚕、采桑等传统节日祭祀活动也在西苑园林中举行（图3-17），同居住修身、游览休憩、政治仪典等功能结合在一起，可以说是传统园林中功能高度集中化的表现。多样的功能内涵和建筑庭园表达语汇，是对其进行匾额语汇的实体空间表达手法研究的丰富基础。

图 3-17 先蚕坛遗址与清郎世宁《孝贤纯皇后亲蚕图》

4 清西苑园林匾额意境感知与空间理法规律

中国古代园林的营造,不止于土木建造。《园冶》为中国古代园林的营造提供了细致的说明与范式;孟兆祯先生在《园衍》中提炼计成著作的精髓,将园林理法的创作序列总结为立意、相地、问名、布局、理微、余韵,至此循环,形成一个复层螺旋上升的过程(图4-1)。园林空间的表达塑造,也始终穿插于整个营造过程中,由最开始的造园之因由,引申到思维过程与意境的组织塑造,再到下一阶段意境同实体空间的接合、跨越,由实体空间搭建园林的骨架,最终共同形成完整的园林作品,满足园主独创的本心的情感需求与功能需求。

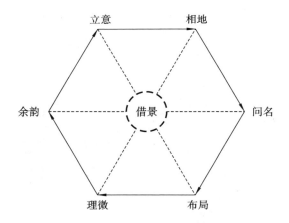

图 4-1 中国古代园林创作途径

画家郑元勋在《园冶》题记中说:"园有异宜,无成法,不可得而传也。"[①]他认为不同的园主心理境界不同,所处的园林地基条件亦不同,两相呼应,

---

① [明]计成《园冶》题记。

创造出园主独特的人格化、生活化的自然园林,阐明了中国古代造园的创作过程中实体空间与意境空间穿插影响发展的现象,也是从另一种角度对"相地合宜,构园得体"的理解。

在城市山林的诞生过程中,园林意境,特别是园林匾额意境作为必需表达的文人心境与物质空间内涵,始终在这一营造过程中出现。造园者塑造实体空间的一系列方法技巧,使园林实体空间在内容和尺度上同园林匾额意境进入拟态、烘托甚至是重叠的状态中,达到山水草木皆有情的效果。

本章将从明旨与立意、山水间架、借景理法三部分解构中国古代园林的创作序列,以西苑园林北海部分为例证,论述中国古代园林的实体空间在营造过程中与园林匾额意境的呼应与表达。

4.1　明旨与立意

4.1.1　明旨

孟兆祯先生曾提到明旨的重要性,认为明旨就是首先明确兴造园林的目的,根据园主的把握,造园的因由可以多种多样。造园将实体空间作为基本的结构骨架和功能骨架,在方寸之间表达精神世界的丰富内涵。无论是私家园林还是皇家园林概莫能外。皇家园林,特别是以西苑园林为代表的皇家大内御苑,在有限的开放性中亦形成了独树一帜的园林风格。作为与古代政治中心最为接近的,具有相当规模的"城市山林",西苑园林具有丰富的功能内涵以及多样的空间丰富性。

西苑园林北海部分依托良好的山水结构尺度,历经几朝御苑的发展,最终形成功能丰富的建筑组团与园林空间。从匾额内容及意境的分析结果可以看出,除去若干祭祀功能以及宗教建筑群组,西苑园林多以生活化的园林小品和园中园的形式串联整个园区。不仅如此,从西苑园林北海部分的发展历程看,具有生活气息的建筑组团与园林空间多是不断添加、穿插至体系中的,是一个"人的自然化"的过程。

在西苑园林北海部分的园林建筑组团和庭园空间中,具有游览休憩功能的建筑组团及园林空间占据了主要部分。通过对园林匾额意境内容的分类统计,这一类具有丰富皇室生活气息的园林空间中的匾额意境内容多借自然景物抒发情怀,少见政令皇权等内容,也缺少神话传说等内容。从明旨的角度来说,此类皇家御苑中的庭园空间多是以表达统治者在日常生活中对自然的亲近之感,抒发文人情怀等为目的而营造的空间,是具有鲜活的人文生活气息的一类庭园空间,是人与自然的媒介。

西苑园林北海部分中另一类具有明显特征的宗教建筑,其匾额意境内容同样反映了造园明旨的意义。宗教类建筑组团特征较为明显,建筑结构严整,单体建筑内匾额出现的频率较高。此外,从匾额意境内容分析,宗教类建筑匾额多出现宗教典故与智慧内容,表明了造园者对宗教类园林空间进行规划设计时的考量。作为具有特殊功能的一类建筑群,宗教类园林空间除具有日常祭拜、祈福等功能外,同时被赋予了统治者希望获取智慧、求索真理、获得教化的愿望。

在其他若干具有明确功能要求的建筑及庭园空间中,园林匾额意境内容也随着功能随机调整,表现场所内涵及功用,通过引申的典故等方式烘托场所的功能。不同的庭园空间具有不同的营建目的,而通过园林匾额意境的方式或委婉或直白地表达园主的设计初衷与思想境界,是园林匾额意境同明旨的最主要关系。

4.1.2 立意

如果园林是文章,意境则是文章的灵魂;以"意在笔先"的观念构思作品的意境,就是园林设计的立意。在西苑园林的规划之初,规划设计者仿照一池三山的传统结构对其进行山水体系的构建,利用园林布局手法表达统治者对神话传说的向往。在之后的发展历程中,精细、成体系、有联络的庭园空间开始于苑中营建。以丰富统治者日常生活内容志趣为目的、功能明确的一系列园林空间的出现,也标志着园林意境由山水间架的简单演绎向细部发展的趋势。

匾额意境作为园林意境的良好载体,以及苑中各大庭园空间意境内容的载体,发挥了重要的作用。匾额意境在表达园主心境情怀的同时,将游览者引入相对具体化的情感空间内,同园主产生物境、意境的共鸣。

4.2 山水间架

4.2.1 园林匾额意境与山——地形

中国古代园林中,地形塑造是基础的营造空间氛围、搭建整体景观结构的手法。从实体空间的视角看,地形变化多样,可以控制视线、烘托气氛,加强庭园空间的层次感受,丰富了游览体验。扩展到园林意境营造的概念上,地形的营造是园主寄情山水的重要手法,通过对自然山水的比拟,模拟诗境与画境中的空间气氛状态,更易与深层次的文人诗画意境产生共鸣。

本节将园内地形按照尺度分为三个维度,包括整体御苑景观结构尺度下的地形,景观建筑随地形的变化和与轴线关系的配合,以及景观小品同掇山石组的组合,从"筑山""凭山""缀山"三方面分析园林地形塑造与表达园林匾额意境的手法策略。

1. 筑山——"浮玉"意向的自然演绎

作为全园景观重心的北海琼华岛,在乾隆十六年至十八年的景观改造中经历了结构定位上的换位转变。元代琼华岛作为一池三山系统的一部分,是蓬莱仙山框架体系下的景观组成部分。明代的一系列修葺活动中,三山中的园坻与犀山(团城及中海半岛)已没有岛屿的基本样式,琼华岛作为太液池中唯一的岛屿,成为整体景观的重心。由于前朝衰败后并无修整的活动,前朝建筑并未有遗留。琼华岛自乾隆年间开始修葺,岛上建筑较稀少，以自然景观为主（图4-2、图4-3）。琼华岛形成三山中一岛独大的局面，是琼华岛景观格局改变的基础。

图4-2 清皇城宫殿衙署

图4-3 《康熙帝万寿庆典图》局部

乾隆祖父康熙喜爱镇江金山寺，对镇江金山"浮玉"意象神往已久（图4-4），这对乾隆的自然山水观念产生了一定的影响。在西苑园林琼华岛良好的景观发展契机下，乾隆决定仿照镇江金山寺的整体景观意象，进行景观格局的移植，并打破原有的神权思想独大的严肃对称结构，将丰富的庭园空间穿插其中，同时展示了皇权独大的仙山胜境同城市山林的山水情怀。"南瞻窣堵，北俯沧波，颇具金山江天之概"[①]是琼华岛对镇江金山意象的文字诠释（图4-5）。

图4-4　镇江金山寺南面观

镇江金山寺作为典型的佛教建筑群，其建筑组团同岛屿的包裹关系表达了佛教中的须弥山意象，蕴含宗教意味。乾隆时期的琼华岛汲取了镇江金山寺"浮玉"中的建筑与景观结构，将园林建筑同岛屿的对位关系进行了移植，并利用若干灵活的庭园空间进行打破，丰富了原有的严整的景观结构。其中北岸延楼建筑群是传达金山景观结构最直观的一组建筑群。延楼

---

① ［清］乾隆《塔山四面记》。

图 4-5 琼华岛延楼北面观

建筑群以及其所表达的园林意境借助琼华岛在当时景观体系中的焦点地位,有效地传递了园主的设计意图。

延楼是双层游廊式建筑群(图 4-6)。琼华岛北岸的延楼,在空间上对琼华岛产生包围之感(图 4-7),与镇江金山寺包裹岛屿的感觉相同。延楼中,漪澜堂仿金山镜治斋,远帆阁仿金山远帆楼。漪澜堂内匾额"秀写蓬瀛""壶天""可月""依山""宜雪",是人与仙山神话的亲近之意象,是后期景观化处理仙山格局的一种意境表达方式。远帆阁中"层观上跻""天镜开奁"引用陆游"结茅所幸得佳处,石帆天镜无纤尘"的诗境,表达登高远眺静水湖面澄澈却壮阔的意境。外围建筑碧照楼中"湖天浮玉"点题,与镇江"紫金浮玉"呼应,突出琼华岛整体的景观特征与地位。

延楼建筑群中,匾额所表达的意境同建筑位置产生了良性的互相影响,整体岛屿的空间形成了良好的包围,同镇江金山寺的整体景观结构形成呼应。同时,利用园林建筑内部空间及园林匾额意境的塑造,同镇江金山的整体"浮玉"意境相契合,是乾隆"略师其意,就其天然之势,不舍己之所长"的营造初衷。北海琼华岛利用延楼建筑群及对应园林匾额意境的表达,以琼

图 4-6　延楼长廊内景及外景

华岛的基础岛屿结构为依托，利用建筑围合空间的立面效果以及结构功能，完成了以"筑山"为主要方式的园林景观意境与整体空间风貌的移植。

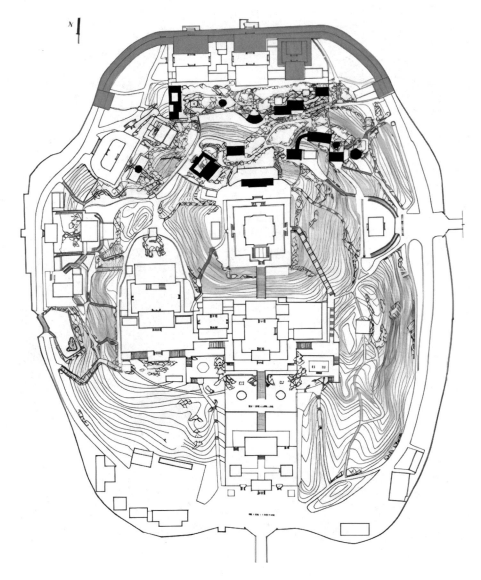

图 4-7 琼华岛及延楼平面

2. 凭山——煦风教化与轴线对位的演绎

扇面亭位于琼华岛北麓，揽翠轩正下方，建于乾隆十七年（1752年）。建筑平面如扇形，三开间，硬山灰筒瓦顶，内有扇面石桌、假山石、小品若干。扇面亭位于西苑园林北海部分，整体轴线正中向北而立。扇面亭位于琼华岛延楼建筑群之后，利用势高景旷的优势依山嵌造，同周边的山势及游览动线取得了很好的空间联络（图4-8）。

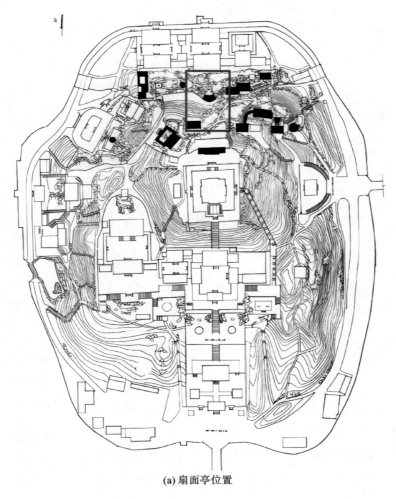

(a) 扇面亭位置

图4-8 扇面亭位置与平面

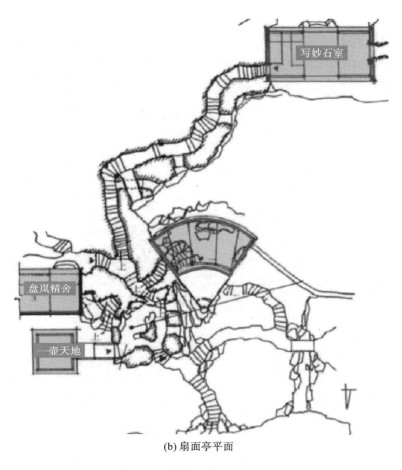

(b) 扇面亭平面

续图 4-8

扇面亭室外匾额"延南薰"以及室内匾额"适余清"皆有接引薰风之含义（图 4-9），同扇面亭的风元素主题形成呼应。与扇面亭具有相似主题内容的园林建筑小品还有颐和园乐寿堂西侧的扇面亭"扬仁风"、圆明园方壶胜境的"迎薰亭"以及承德避暑山庄的"延薰山馆"等。扇面亭中和煦薰风的意境，出自上古《南风歌》："南风之薰兮，可以解吾民之愠兮；南风之时兮，可以阜吾民之财兮。"这象征了贤者心系天下的美好愿景。

"延南薰"扇面亭四面通达，同小崑丘及环碧楼都有较为紧密的空间联

图 4-9　"延南薰"扇面亭正面观

络（图 4-10）。同时，内部石径通道又与琼华岛下部大规模的假山暗洞相连，别有意趣。有假山入室，又置有石桌。开多面扇面窗，季节所致凉风习习，同"延南薰""适余清"的主题形成了完美的呼应。

北海扇面亭依琼华岛北麓山势而立，正北取景，园林匾额意境利用"凭山"的手法使煦风教化的主题同整体地形的坡度以及轴线产生对位关系。而扇面亭作为琼华岛中同御苑整体轴线对位规整的建筑之一（图 4-11），在琼华岛北麓的建筑群中独树一帜。扇面亭以扇面形状同周围的小体量建筑融为一体，又以严整的对位关系同琼华岛以及全园的大结构进行呼应，是乾隆心处自然又兼济天下的园林化表达。

不足之处在于，在扇面亭建成次年，邻水建筑漪澜堂的建成，对扇面亭北向的视线造成了较大影响，是北海扇面亭空间特征中较为不利的一点。

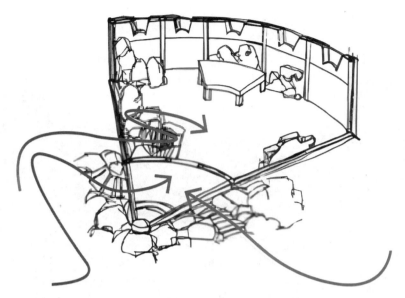

图 4-10　扇面亭的三种可达性方式

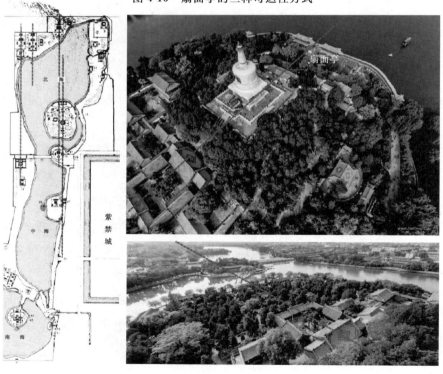

图 4-11　扇面亭与北海的空间轴线对位示意

3. 缀山——枕峦意向与掇山石组的物我交融

枕峦亭位于北海北岸镜清斋内,为攒尖八角亭(图4-12)。枕峦亭作为镜清斋内的焦点建筑小品,曾被乾隆誉为"莲朵珠宫",在镜清斋建筑群中具有重要地位。镜清斋修建于乾隆二十一年(1756年),清末易名静心斋,是西苑园林中重要的园中园,深受历代帝王喜爱,是游憩、会客的重要场所。镜清斋紧靠西苑园林北墙,东西狭长,宽约70 m。镜清斋层次分明,分前院、后院、东院、西院。枕峦亭则位于镜清斋后院假山之上,形成视线焦点。

图4-12 枕峦亭立面及剖面

枕峦亭借"枕峦"的字面意味,占据园中掇山高点,采取小中见大的景观处理手法,以峦指代山石小品,同园中山石形成了良好的空间联络与相互补充,在园内不同区域间的空间节奏关系中形成良好的空间重心效果,使南北向与东西向的景观视线感受都具有节奏变化(图4-13)。枕峦亭位居高点,可以同园外北海产生良好的视线关系,丰富了园中园内向的布局形式。枕峦亭下掇山石组变化多样,动线丰富,同枕峦亭形成了良好的动线交流,同样提升了枕峦亭的可观性和可游性(图4-14)。

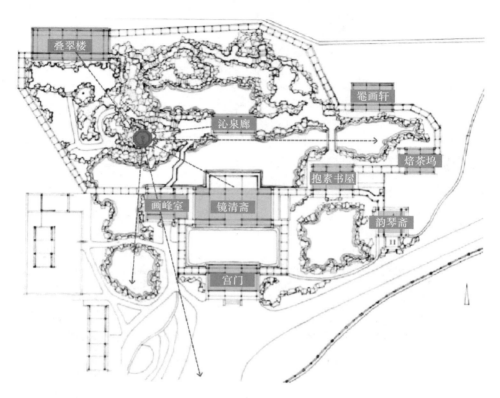

图 4-13　枕峦亭位置及"看与被看"的关系示意

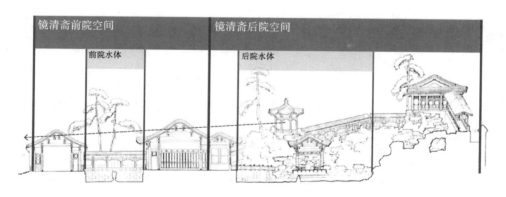

图 4-14　从镜清斋中轴剖面看枕峦亭所处的空间结构关系

从深层次的园林匾额意境看,"枕峦"这一闲适的动作行为,是园主心向自然的欣然写照。空间上亭枕峦,意象中则人枕峦,是人格园林化、寄情山水志趣的隐晦表达,是城市山林意象的反映。

在枕峦亭所属的镜清斋园中园中,园林的意境主题是"镜清",镜清讲求自观自省,映照园主"天无私覆,地无私载"的品格心性。镜清斋建筑内的匾额"不为物先"出自道家"不为物先,不为物后,故能为万物主"的思想,讲求无为,顺应自然演化。实体空间与意境志趣共同维持了镜清斋内安宁、静谧的气氛。枕峦亭意味枕峦,视线通达,游览者登高远眺,可以镜清之心境为基观赏西苑园林太液池的磅礴胜境,是枕峦亭在园林意境中的另一个高度。

枕峦亭的"枕峦"意境,与掇山石组一同增强了园林小品在园中园中的空间丰富性,扩大了视点范围,又以小见大,提升了园内掇山石组的艺术观赏价值,达到了一种意境与实体的掇山石组空间共同点缀建筑实体(图4-15、图4-16),建筑实体反向提升空间品位的因果互现状态。

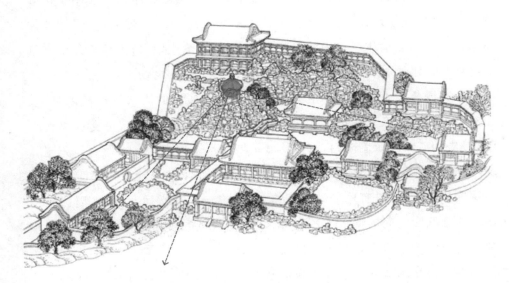

图 4-15　枕峦亭的外部视线关系示意

4　清西苑园林匾额意境感知与空间理法规律

图 4-16　从东西向水廊的不同位置看枕峦亭的两种视觉感受

4.2.2　园林匾额意境与水——水体

水作为中国古代园林造景要素，具有相当长的历史渊源。水体变化多样，作为动态元素，可以在园林中创造出众多的空间变化类型，使园林整体富有动感。巧妙借用场地中的水体水系，因地而治水，营造出具有独特气氛和特征的山水园林，使凝固不变的山石屋舍多了几分灵动之感。

西苑园林的水体原为永定河古河道迁移后残余的河床及低洼地带，水系经什刹海由园区东北角流入。西苑园林的水系分为两支，一支形成太液池，一支细流贴园东墙向南，与紫禁城护城河水系相连（图4-17）。西苑园林北海部分水系结构丰富，水系空间变化多样。北海部分的水域是太液池整体宽度最大处，同时有琼华岛作点缀，形成绝佳的观赏面。同时，周边园中园及独立庭园空间内部水系各有特点，形成了以北海的大水面为主、周边单独庭园空间的小水面相配合的局面。

本节将北海部分水系分为规整型水面以及自然型水面两种空间类型并将其作为案例，从"引水""听水""框水"三方面总结西苑园林北海部分的园林匾额意境与水体空间塑造的关系。

图 4-17　濠濮间侧浴蚕河出园的水闸

1. 引水——以虚补实的景观理水策略

亩鉴室地处琼华岛西麓的一处山崖下坡,阅古楼东北方向(图 4-18)。亩鉴室面西三开间,硬山卷棚屋面,前有垂花门,后有人工开凿的水塘(图 4-19)。据乾隆《塔山四面记》记载,于琼华岛发现一古井,引水作溪涧顺流而下,于亩鉴室后置一水塘,控制池水涨落,消隐其入水口,形成继续向下跌落的水流,最终汇入北海。

亩鉴室后墙山势陡峭,与附近酣古堂相同,都是崖下建屋,以致院落发挥空间不够宽阔,同山体的空间关系也很难处理。在此情况下,在部分空间内营建水塘,消解了庭园空间同山势的紧张关系,同时水塘随曲合方,同建筑院落自成一体,又呼应主题,具有很强的整体连贯性(图 4-20、图 4-21)。

"亩鉴"出自朱熹《观书有感二首》中脍炙人口的一首:

"半亩方塘一鉴开,天光云影共徘徊。问渠那得清如许?为有源头活水来。"

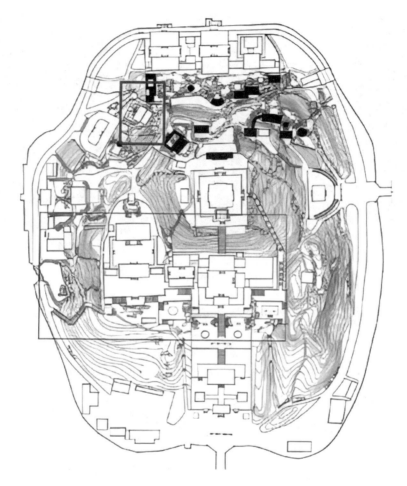

图 4-18　亩鉴室区位示意

"方塘一鉴"体量虽小却反射了天光云影，是小中见大的景色。由对源头活水的思考引申至对读书的思考，是亩鉴室小空间中文人意境淋漓尽致的反映。在此基础上，源头活水印证了亩鉴室后水塘的理水是对典故虚实相间的处理手段。

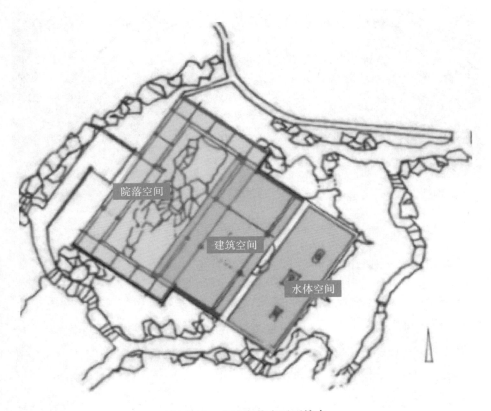

图 4-19　亩鉴室节点平面放大

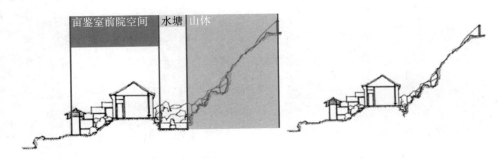

图 4-20　从亩鉴室剖面看空间结构示意

图 4-21　亩鉴室前院与亩鉴室后院的水塘

2. 听水——视听通感的院落空间意境营造

镜清斋东院与前院及主院落均由游廊联络。园中仅有一屋（抱素书屋）、一斋（韵琴斋）、一池，属四面包围的结构（图 4-22）。中心荷花池为不规则近方形，山石驳岸占据东院大部分空间，是典型的内向式院落空间（图 4-23）。

在游览路线上，镜清斋的整体气氛同西苑园林北海部分大开大合的景观气氛形成强烈对比，以安宁静谧为主要格调（图 4-24、图 4-25）。前院一方池塘与"镜清"主题相称，简洁肃穆。主院山石叠水景观层次曲折多变。而位于观赏游线终点的东院，显得格外简洁质朴，较前院更为清新，较主院更为素雅。从空间的开合感受变化而谈，自北海北岸进入镜清斋至东院，经历了开阔—肃穆—纷华—清幽的空间感受上的变化，使游赏过程具有多层次感受。

东院以北侧抱素书屋为主，以东侧韵琴斋为辅。抱素书屋中"抱素"出自老子"见素抱朴，少私寡欲"，又同镜清斋主题"不为物先"的道家学说产生呼应，讲求自省、清心、心向质朴，同东院内景观空间清新质朴的气氛十分吻合。

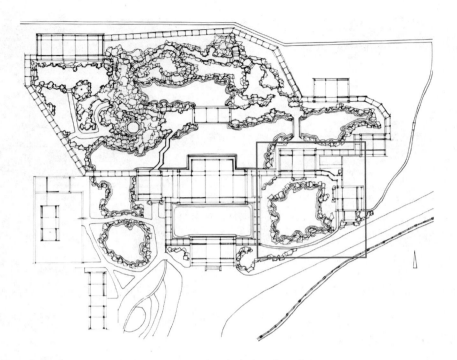

图 4-22 镜清斋东院区位示意

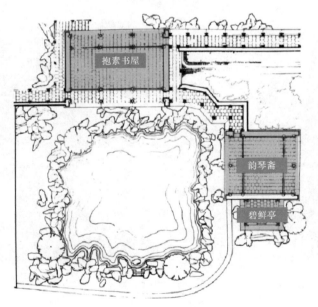

图 4-23 镜清斋东院节点放大

4　清西苑园林匾额意境感知与空间理法规律 | 081

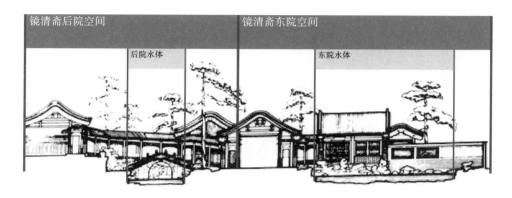

图 4-24　东院南北向剖面看空间结构关系

韵琴斋的"韵琴"原指园中水声时有叮咚鸣响,以琴声代指。镜清斋水体以主院北部为源头,与西苑园林水体同源,经暗渠进入主院北边山石群组,自山谷间向南,经沁泉廊跌水,进入主水面,后进入东院荷花池,再经暗渠汇入北海(图4-25)。池水缓急变化形成水声,以琴声作比,是"鸟鸣山更幽"似的对比衬托,愈显清幽,同院落的意境气氛契合。

图 4-25　韵琴斋与水体的关系

3. 框水——画舫意境的空间转译

画舫斋位于北海东岸,北邻先蚕坛,南邻濠濮间(图4-26),于乾隆二十二年(1757年)建成。方形水域引自西苑园林水系紧靠东墙的一支,水体四面皆有内向型建筑,由南进入春雨林塘,北向正殿为画舫斋。东西配殿分别为"镜香""观妙"二室。庭园东北角分出跨院,由古柯庭、绿意廊、得性轩、奥旷室围合形成更小的庭园空间(图4-27)。

画舫斋水体规整,中心四殿中心对称,以游廊连接。画舫斋位于北海东岸地区,空间收放相对自如(图4-28、图4-29)。北海北面微地形较为丰富,山中有水流过,松柏成林,野花繁茂。在微地形同植物的相互掩映之中,画舫斋嵌置于清净深邃的自然环境之中。

"画舫"意境引自欧阳修《画舫斋记》:

"予至滑之三月,即其署东偏之室,治为燕私之居,而名曰画舫斋。斋广一室,其深七室,以户相通,凡入予室者,如入乎舟中。其温室之奥,则穴其上以为明;其虚室之疏以达,则槛栏其两旁以为坐立之倚。凡偃休于吾斋者,又如偃休乎舟中。山石崷崒,佳花美木之植列于两檐之外,又似泛乎中流,而左山右林之相映,皆可爱者。因以舟名焉……然予闻古之人,有逃世远去江湖之上,终身而不肯反者,其必有所乐也。苟非冒利于险,有罪而不得已,使顺风恬波,傲然枕席之上,一日而千里,则舟之行岂不乐哉!顾予诚有所未暇,而舫者宴嬉之舟也,姑以名予斋,奚曰不宜?"

其中,欧阳修借行舟之乐,表达云淡风轻、悠闲自得泛舟而一日千里的心境,以及远离权谋现实的愿望。

北海画舫斋则是统治者对文人潇洒自由的悠然境遇的一种向往与寄托。春雨林塘匾额"动静交养"、画舫斋匾额"竹风梧月"、东西配殿的"镜香""观妙",皆表达了一种顺应自然、恬静闲适的意境。

画舫斋名曰"画舫",同其他园林中船舫的意象有明显不同。北海画舫斋仅将四座主体建筑以游廊相连,以建筑"框"住方形水面,并无明显的船舫的形态。造园者运用了空间感受的转译方式,采取了一种动态的表达方式体现人与船的相对关系(图4-30)。

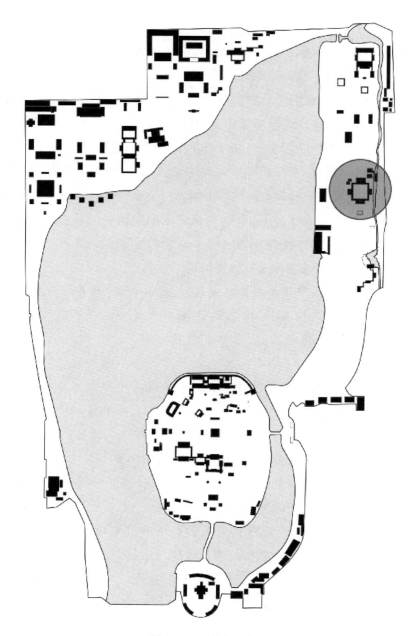

图 4-26　画舫斋区位

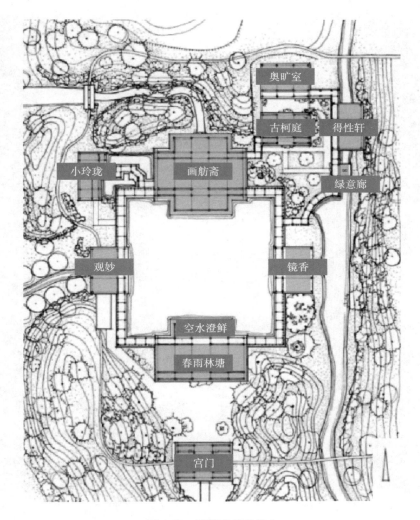

图 4-27 画舫斋节点放大

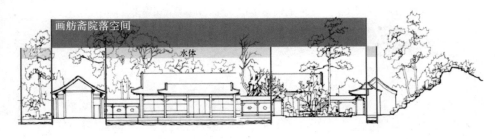

图 4-28 画舫斋东西向轴线剖面与院落空间结构

图 4-29　春雨林塘入口以及画舫斋主建筑

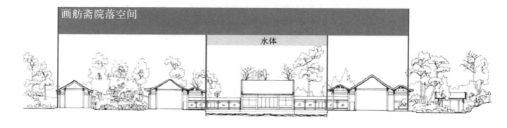

图 4-30　画舫斋南北向轴线剖面与院落空间结构

游览者进入主题水院,无论位于何处,皆有乘船邻水之感,人动而水动,景色亦趋,更突出了空间关系中中央水体的向心性。北海画舫斋借用规整的水面控制处理,是对"画舫"的更高水平的诠释。

4.3 借景理法

《园冶》讲求凡造园应巧于因借,精在体宜。因,因人因地因时之宜;借,引进、接纳、假借之需。园林理法中,因、借均指顺应、凭借外物,形成有利于自身园林空间塑造的优势。外物有近有远,有实有虚,并无成法。各类山水间架,先决条件,自我追求,理念抱负,皆可优劣反转,成为假借依附之对象。

计成认为,"夫借景,林园之最要者也。"孟兆祯先生也在《园衍》中将借景放置于理法之首要位置、中心位置,强调借景在造园理法中并非仅仅是座次靠前,借景同其他创作序列同时发生着多种关系,可以说是园林成形之先、之中、之后的灵魂与支柱。

园林意境的塑造,从更广的概念来讲,即一种借景的造园理法技巧,只是所借之景已跨越时空概念了。具体到匾额意境的表达,同样大量运用了借景的手法,借实、借虚,单独借与多层次的借,形成具有层次感的游览体验。以景喻人,以古鉴今,多是以因、借为手段进行的意境与情境的传播。在实体空间的营造与意境感受的传承上,因、借都是造园理法的重要组成部分。

4.3.1 园林意境表达与借景理法

1. 林园最要——借景在造园理法体系中的复现

前述研究已对西苑园林北海部分匾额的统计结果进行了分析,并且就其明旨、立意以及山水间架方面进行了意境与表达同实体空间的相关比对研究。结论可以证明,在多数描绘并营造自然美、山水志趣的园林空间中,造园者多运用借景的理法方式,从实体空间的特征入手,在明旨的基础上,运用园林匾额的表达优势,同古典诗画以及文章典故进行情境互现。根据对应空间的所属位置、等级、建筑内容等,产生了多种借景层次的表达,并善用匾额意境将实体山水空间与意境内涵两相对应,使庭园空间的艺术表达更具整体性。

2. 园有异宜——因、借呼应下的场所特质

"园有异宜,无成法"是对中国古代园林造园理法的概括,也是优秀园林空间的特质。这是强调形成园林或庭园个体的内因外因皆有不同,很难整体概括。以因、借角度谈场所特质的形成,即是造园者在认识理解园林先决条件与明旨立意的条件下,随曲合方地处理并合理引导园林空间的建造过程。同时假借外物,形成同园林实体空间相匹配的意境情感空间。两相复合,共同完成场所特质的塑造,才可在相似的实体空间感受中强调新颖的园林意境解读,或在相似的园林意境表达中利用实体空间的变异形成新的理解。

3. 诗画山林——中国古代园林美学的反映

借景的园林理法方式,也是中国古代园林美学的集中反映。中国古代园林美学崇尚人本的自然,崇尚"虽由人作,宛自天开"的园林,即自然的人化,或者说是对自然的悉心加工。各类艺术体裁中,均有对自然的摹写与感悟,如诗画文章等,处理加工方式多样,而造园又是最直接而真实的一种方式。造园的过程中,造园者会假借诗画文章中加工后的具有情感的"人格自然",使用浓缩的"真山真水",对自然进行二次诠释,来完成人的自然化过程(图 4-31)。

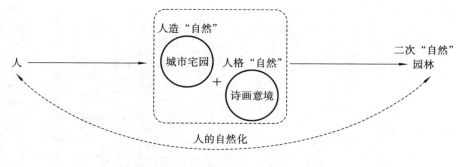

图 4-31　基于园林表达的人的自然化过程

4.3.2　园林匾额意境营造中借景理法之内容

在利用匾额营造园林意境的过程中,借景作为重要的方法手段,以分层递进、逐层引领的方式,完成对实体空间中情境与气氛的营造,其中包括了"因""借实"与"借虚"。跟随造园的进程步骤以及游览者游园过程中的心理变化,逐级逐步地完成对园林意境的整体塑造。根据匾额意境内容的统计结果,西苑园林匾额所表达的意境确实存在多种层次。其根据对应实体空间的复杂情况,所属等级和功能进行变化,形成有规律的分布。

因,是指立意之先,匾额所借之意境应与园主要求相符,与场所条件相符,与实体空间的结构相符,也应精于体宜。以先决条件确定所借之意境的内容、基调以及情境,达到意境境界依照先决条件的随曲合方。

借实是指运用游览者的多种感官效果,包括视觉、听觉、嗅觉、触觉等,将匾额意境同周边的一系列所借之物进行联络,形成文字提示与感官的通感,加深游览者对场所特征的印象,使其更易揣摩园主的情境。

借虚是指匾额意境假借诗画文章的形象典故,将传统文化中的文人情怀、画家心境以文字的方式转置于园林之内。力求:形象相似,两者的实体容纳空间相似,同时符合空间的气氛,同游览者形成最大程度上的相互理解。

4.3.3　濠濮间想——北海濠濮间借景理法分析

濠濮间位于北海东岸(图 4-32),是西苑园林北海部分中的精品园中园

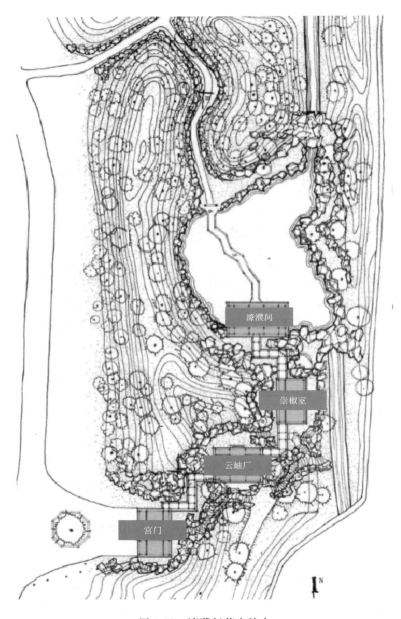

图 4-32 濠濮间节点放大

之一，空间特征相对内向，水体、山体同建筑有较强的联系，在北海的现地条件下再次演绎濠濮间想的园林意境，是西苑园林北海部分又一个园林匾额意境表达同园林空间营造结合的经典案例。

1. 相地合宜——基础空间特征梳理

濠濮间位于北海东岸，建造于乾隆二十二年（1757年）。在西苑园林大规模修葺之前，北海东岸的水岸尺度是不如今日的。东岸愈发狭窄，并没有草木的生长环境。从风水的角度来讲，东方属木，为五行之始，象征万物萌发的起点，东方贫瘠并不是吉兆。同时，西苑园林北海部分依仗广阔的景观水面与琼华岛，形成了较为良好的景观中心，但是聚集式的景观格局难免略显单调。由此，乾隆朝开始对北海东岸进行一系列的土方修整工程，扩充东岸景物；征用了一部分苑外土地，扩充园墙，同时将疏浚太液池的淤泥补充于东部，使东岸更显开阔，为空间增加层次，开始经营地形，点缀以草木，于东岸形成桃花山。一系列修整工程使北海部分有开有合，大大提升了北海部分的景观丰富度。

西苑园林北海东岸的一系列地形修整以及种植补充的工程，使得东岸形成了相对不同的空间气氛，并以画舫斋以及濠濮间两个相对独立的园中园来丰富御苑空间。其"濠濮间想"的意境，取意清幽深邃，超脱自得之感受，同濠濮间主建筑内部匾额"壶中云石"意味，正应了西苑园林北海东岸经过修整后清幽深邃、与世隔绝的空间体验（图4-33）。园林匾额所塑造的场所意境同园林的基础空间特征相互影响，相互契合，诠释了园林匾额意境借景理法中第一层的意味。

2. 景以境出——借景之实中的景观气氛营造

在表达濠濮间中匾额意境的借实景理法中，造园者借用了山形、水势、草木、小气候来共同协调配合塑造园林意境。

濠濮间位于几处微地形形成的峡谷之中，游览者从北入口入园，于人工地形与假山置石之间逶迤腾挪，见曲桥水面豁然开朗（图4-34）；自南入口入园，先过西宫门，拾级而上，随爬山廊至云岫厂，到达濠濮间区域最高点，后拾级而下，经崇椒室，最终到达濠濮间邻水主建筑。游览者体验高差变化，无论从南入口入园还是从北入口入园，均会形成"陷入式"的心理变化体验（图4-35、图4-36）。

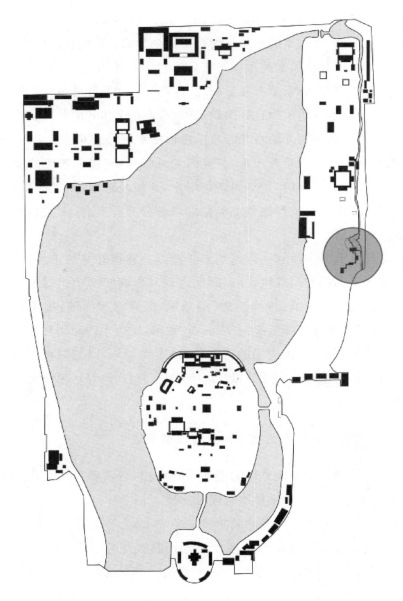

图 4-33 濠濮间区位

图 4-34　北入口处的山石组合

濠濮间以水为中心景观，引浴蚕河水，以山石作驳岸，形成了从水面至云岫厂巨大的高差，与周边人工堆筑的山体相配合，更落实了其小中见大、壶中云石的空间氛围。

濠濮间四周的人工地形上遍植松柏等植物，在增强竖向纵深感的同时，渲染了空间气氛，形成了光影横斜的特殊体验。同时，遍植的草木与地形形

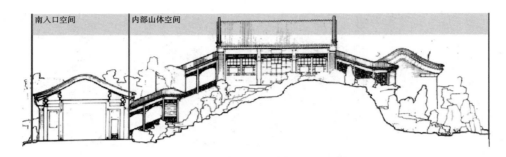

图 4-35　从濠濮间南立面看东西向的空间结构示意

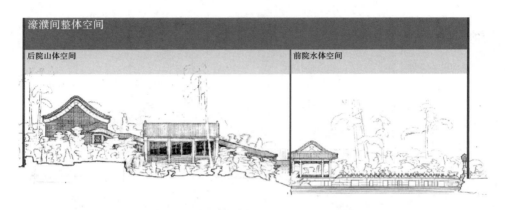

图 4-36　从濠濮间建筑群东立面看空间结构关系

成小气候,晨气初生时,主体水面四周便云雾缭绕;而当有风拂过,又有松风入耳,也正应了濠濮间中楹联"半山晨气林烟沍,一枕松声涧水鸣"所描绘的景象,同"云石""峡云岫"的匾额意境形成了呼应。

3. 融情俱是——借景之虚中的园林匾额意境的表达

濠濮间主体的园林景观意境借用了"濠濮间想"之典故,该典故出自《世说新语》:"简文入华林园,顾谓左右曰:'会心处不必在远,翳然林水,便自有濠、濮间想也,觉鸟兽禽鱼自来亲人。'"这是梁简文帝游华林园时独特的心理活动,是对古人游园过程中场景化的描写。而其中的"濠濮间想",则是引用《庄子·秋水》中两则故事,"濠"指庄子与惠子于濠水游赏而引出的著名的"子非鱼"的辩论;"濮"指庄子曾垂钓于濮水,楚威王派人请庄子出仕,被庄子以倾心自然的态度而拒绝的典故。两则典故皆发生于水边，引出了庄子对于人与自然、人与仕事的思辨，表达了超脱无畏、自由自在的高尚精神追求。

濠濮间有两层意境，先引用古人游园之所想，对场景的意象进行概括和框定；后引用典故，引入庄子二则，真正借庄子之想，表达园主之想。在意境表达的方式上，运用了两级"借景"，使得园林的意境层次更加丰富，与实体空间相衬，使游览者回味无穷。

此外，"壶中云石"运用了对实体景物的神化处理，赋予濠濮间主景区中晨雾缥缈的别致景色神仙化的修辞，同时以"壶中"的意境概念框定主景区水体的下沉围合空间，增添了游览的乐趣与神秘气氛（图4-37）。

图4-37　濠濮间水体周边植物与地形的小气候营造

濠濮间南部景区中最高处的云岫厂，借用晋代陶渊明《归去来兮辞》中"云无心以出岫，鸟倦飞而知还"的情境，凭借较高的地理位置，引出云、鸟的轻盈意象，同时呼应了"归去来兮"，心向田园的诗境，与濠濮间的整体意境气氛统一，也是匾额意境同地形相衬的佳例。

5 园林匾额意境感知与建筑群空间的共构特征

5.1 西苑园林的建筑群空间构成特征

西苑园林始建于938年，历经辽、金、元、明、清的建设，成为明清时期北京皇城内面积最大的皇家御苑。乾隆时期（1736—1796年），乾隆时期，国力强盛，对西苑园林进行了营建，奠定了西苑园林此后的规模和格局。西苑园林的整体景观空间与建筑布局特色明显，以建筑群作为西苑园林的基本单元，明确了庭园空间和功能的分割，作为清代皇家在园内生活、游赏、理政等的场所。不同建筑群功能和主题各异，形成了各自特征明显的庭园空间特征。

在此基础上，西苑园林依据中国古典园林造园手法，运用建筑匾额进行庭园空间划分，对建筑群的主题、功能进行强调，并多利用匾额对建筑群及单体建筑命名，传达个人理想和志趣，形成园林意境。西苑园林将建筑群内部的匾额作为纽带，将庭园实体空间与虚拟空间进行结合。匾额所描绘的意境空间在完整全面地研究西苑园林空间特征的过程中是关键要素。

在既往研究中，针对西苑园林以及广义的中国古典皇家园林的建筑群配置方式和特点的研究较为充分；在与匾额相关的研究中，已有学者对中国古典园林匾额意境同实体空间关系进行探讨。其中，一部分学者以中国、日本、韩国等国家的园林匾额为研究对象,对庭园空间特征进行研究。然而,针对西苑园林建筑群的相关研究较少,特别是建筑群与匾额相关的研究仍处于缺失状态。本章以明确西苑园林建筑群匾额意境同庭园空间特征的关系为目的,对西苑园林的皇家传统文化进行考察挖掘,作为对中国古典园林文化研究的补充。

5.2　建筑群类型与分布

5.2.1　研究对象

西苑园林位于清代皇城内,与紫禁城以宫墙相隔。西苑园林由北海、中海及南海三部分组成,南北长为 2.5 km,东西长为 0.5 km,面积为 166 hm^2(图5-1)。乾隆时期开始对西苑园林进行最大规模的营造活动。乾隆时期之后,西苑园林的营建活动以修缮为主,没有更大的建筑群增添活动。

本章以乾隆时期西苑园林为研究对象,并以其中 23 处建筑群为具体的内容展开研究,同时,对《中国古典园林史》《西苑三海楹联匾额通解》《北海匾联石刻》中记载的 440 方西苑园林匾额进行整理。其中乾隆时期匾额共 250 方,整理减去园内单体建筑匾额,以及建筑内部东西两室内同庭园空间无对应关系的匾额共 92 方,提取各建筑群内部的 158 方匾额为最终研究对象(表 5-1)。

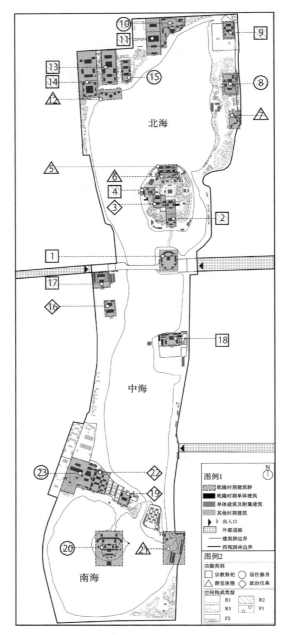

图 5-1 乾隆时期西苑园林平面及建筑群分布①

---

① 图中数字与表 5-1 中编号对应。

表 5-1　匾额内容及分类

建筑群编号	建筑名	编号	匾额名	建筑群机能	匾额含义	建筑群编号	建筑名	编号	匾额名	建筑群机能	匾额含义
1	承光殿	1	承光殿	宗教祭祀	T3, N1	14	极乐世界	80	极乐世界	宗教祭祀	T1, N3
		2	悬圃风清		T3, N1			81	性海圆成		T1
	古籁堂	3	古籁堂		T3		万佛楼	82	华藏恒春		T1
		4	昭一		T3			83	大千妙罩		T1
	余清斋	5	余清斋		T3, N1			84	满万象掌		T1, N1
2	法轮殿	6	法轮殿	宗教祭祀	T1			85	聚诸德		T1
		7	人天调御		T1, N1			86	现大吉祥		T1
		8	慈云觉海		T1		澄性堂	87	澄性堂		T3, P3
	普安殿	9	普安殿		T1, P3		镜藻轩	88	镜藻轩		N1
		10	慧根圆相		T1		致爽楼	89	致爽楼		T3
		11	如如不动		T1		潇吟室	90	潇吟室		T3
	宗境殿	12	宗境殿		T1		清约池	91	清约池		T3
	圣果殿	13	圣果殿		T1		妙相亭	92	妙相亭		T1, T3
3	悦心殿	14	悦心殿	政治仪典	T3	15	澄观堂	93	澄观堂	居住修身	T3
	庆霄楼	15	庆霄楼		T3, P3			94	乐意观		T3
	静憩轩	16	静憩轩		T3			95	水天清水		T3, N1
4	琳光殿	17	琳光殿	宗教祭祀	T1, N1, N2			96	寄清净心		T1, T3
	甘露殿	18	甘露殿		T1, N1		玉兰轩	97	玉兰轩		N1
		19	莲界慈缘		T1		快雪堂	98	快雪堂		T3
		20	水精域		T1, N1	16	紫光阁	99	紫光阁		P1, N1
5	碧照楼	21	碧照楼	游览体憩	N1, N2		武成殿	100	武成殿	政治仪典	P1
	漪澜堂	22	湖天浮玉		N1, N2			101	绥邦怀远		P1
	漪澜堂	23	漪澜堂		N1	17	时应宫	102	时应宫	宗教祭祀	T1
	远帆阁	24	远帆阁		N2			103	瑚沾祜		T1, T3
		25	天镜开襟		T1, N1	18	万善殿	104	万善殿	宗教祭祀	T1
	道宁斋	26	道宁斋		T2, T3, P3		大悲坛	105	大悲坛		T1
	紫翠房	27	紫翠房		N1, N2			106	妙印真如		T1
	莲华室	28	莲华室		T1, N1	19	勤政殿	107	勤政殿	政治仪典	P1, P2
	真如室	29	真如室		T1		涵元殿	108	涵元殿		T3
6	扇面亭	30	延南薰	游览体憩	P1, P2, N1			109	天心月肋		T3, N1
		31	适余清		T3, P3		景星殿	110	景星殿		T3, N1
	东山亭	32	一壶天地		T3, N3		庆云殿	111	庆云殿		T3
	环碧楼	33	环碧楼		N1		藻韵楼	112	藻韵殿		N1, N2
	盘岚精舍	34	盘岚精舍		T1		绮思楼	113	绮思楼		N1, N2
	倚岩室	35	倚岩室		T3		香扆殿	114	香扆殿		N1, N2
	得性楼	36	得性楼		T3		迎薰亭	115	迎薰亭		P2, N1
		37	延佳精舍		T3			116	对时育物		T3
	临山书屋	38	临山书屋		T2, T3		补桐书屋	117	补桐书屋		N1
	抱冲室	39	抱冲室		T2, T3		随安室	118	随安室		T3
7	云岫厂	40	云岫	游览体憩	N1, N2			119	驻景		T3, N1
	崇椒室	41	崇椒		T3, N3		待月轩	120	待月轩		T3, N1
	濠濮间	42	濠濮间		T3, P2, P3		长春书屋	121	长春书屋		N3
		43	一壶云石		T3, N1, N2		淑清院	122	淑清院		P3, N1
8		44	春雨林塘	居住修身	N1			123	水流云在		T3, N1
		45	动静交养		T2, N2			124	俯清流		N1
	画舫斋	46	画舫斋		N1, N2		葆光室	125	葆光室		T1, T3
		47	竹风桐月		N1			126	韵古堂		T3
	镜香室	48	镜香室		N1, N2		韵古堂	127	蓬瀛在望		N3
	古柯亭	49	古柯亭		N1		流杯亭	128	流杯亭		T3
	绿意廊	50	绿意廊		T3			129	流水音		N1, N2
	奥旷室	51	奥旷室		T3, P3, N2		素尚斋	130	素尚斋		T2, T3
	小玲珑室	52	得真楼		T3		响雪廊	131	响雪廊		N1
9	亲蚕殿	53	先蚕坛	宗教祭祀	T3, P3		日知阁	132	日知阁		T3, N1
		54	葛覃遗志		T3			133	淑玉飞陈		N1, N2
10	镜清斋	55	镜清斋	居住修身	T3, N1		交芦馆	134	交芦馆		N1
		56	不为物先		T2, T3, P3		宾竹室	135	宾竹室		N1
	抱素书屋	57	抱素书屋		T2, T3, P3		燕雨轩	136	燕雨轩		N1
	韵琴斋	58	韵琴斋		N1		云绘楼	137	云绘楼		N1
	碧鲜亭	59	碧鲜		N1			138	丰泽园		P2, N1
	画峰室	60	画峰室		N1, N2			139	溪光树色		T3
	枕峦亭	61	枕峦亭		T3, N1		丰泽园	140	荷风蕙露		T3
	罨画轩	62	罨画轩		T3, N1, N2			141	蔑几扶金		T3
	焙茶坞	63	焙茶坞		T3			142	睦亲九族		T3, P2, P3
11	西天梵境	64	西天梵境	宗教祭祀	T1, N3	22	惇叙殿	143	惇叙殿	政治仪典	T3, P2, P3
		65	恒河演乘		T1		澄怀堂	144	澄怀堂		T3
		66	慧岩万有		T1			145	观众妙		T3
		67	华严清界		T1		暇瞩楼	146	暇瞩楼		T3
	大圆镜智宝殿	68	法界真常		T1		崇雅殿	147	崇雅殿		T3
12	五龙亭	69	澄香	游览体憩	N1			148	静憩轩		T3
		70	澄祥		T3			149	纯一斋		T2, T3
		71	龙泽		T3, N3			150	绷照敬止		T3, P2
		72	涌瑞		T3			151	勤政爱民		T3, P3
		73	浮翠		T3, N1	23	春耦斋	152	春耦斋	居住修身	P2, N1
13	阐福寺	74	阐福寺	宗教祭祀	T1, P2, P3		听鸿楼	153	听鸿楼		N1, N2
		75	宗乘圆镜		T1		海棠厅	154	海棠厅		N1
		76	大雄宝殿		T1		植秀轩	155	植秀轩		N1
		77	极乐世界		T1, N2		虚白室	156	虚白室		T1, T3
		78	福田花雨		T1, N1						
		79	有大戒德		T1						

注释：
匾额含义中，字母数字组合分别代表特定匾额含义。其中，T1—佛道思想，T2—儒家思想，T3—行为品性，P1—皇权，P2—仁政，P3—政治智慧，N1—自然要素，N2—诗画内容，N3—神话传说

5.2.2 研究方法

本章依据1750年《乾隆京城全图》、1913年《北京三海图》、《中国古典园林史》中的乾隆时期西苑园林平面复原图对乾隆时期西苑园林的平面图进行复原,同时结合现场调查的成果,对西苑园林建筑群以及匾额保存现状进行确认,获得西苑园林建筑群的相关信息,根据相关既往研究,对西苑园林建筑群空间特征进行整理和分类(图5-2)。

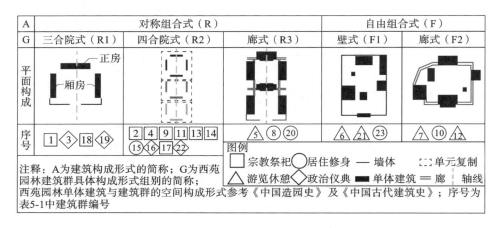

图 5-2　西苑园林建筑群空间特征分类

在此基础上,对西苑园林建筑群匾额进行整理,以匾额意境为分类依据进行聚类分析,获得分组结果。最后结合匾额的分组结果同建筑群功能分组的对应数量关系,考察不同功能的建筑群类型的庭园空间特征。

5.3　建筑群功能类别的分类

基于既往研究对中国古典园林建筑群空间结构的分类,中国古典皇家园林建筑的构成形式分为对称组合式(R)及自由组合式(F)两类(图5-2)。西苑园林的23处建筑群和庭园空间均以这两类建筑构成形式为框架,形成特征各异的庭园空间。

本章根据既往研究对中国古典园林单体建筑及建筑群功能进行的分类,以及对西苑园林内建筑群使用方式的叙述,将西苑园林23处建筑群按功能类型特征分为宗教祭祀、居住修身、游览休憩、政治仪典4类。

5.3.1　宗教祭祀功能建筑群

西苑园林中具有宗教祭祀功能的建筑群共9处,是皇家在西苑园林中进行礼佛、参禅等宗教祭祀活动的空间。从建筑构成形式看,建筑群全部为对称组合式,其中三合院式(R1)2处,四合院式(R2)7处。

5.3.2　居住修身功能建筑群

西苑园林中具有居住修身功能的建筑群共5处,是皇家居住及日常活动的空间,提高自身修养的活动均在此类建筑群空间内部展开。从建筑构成形式看,对称组合式建筑群数量同自由组合式建筑群数量接近。其中在对称组合式中,四合院式(R2)1处,廊式(R3)2处;在自由组合式中,壁式(F1)1处,廊式(F2)1处。

5.3.3　游览休憩功能建筑群

西苑园林中具有游览休憩功能的建筑群共5处,是统治者进行自然游赏等户外活动的场所。游览休憩是皇家园林的重要功能之一,统治者利用此类建筑群空间,欣赏自然景物,同庭园空间中的自然元素直接接触。从建筑构成形式看,自由组合式占多数,其中壁式(F1)2处,廊式(F2)2处,对称组合式的廊式(R3)1处。

5.3.4 政治仪典功能建筑群

西苑园林中具有政治仪典功能的建筑群共4处,用于朝会、理政、朝觐、会见外宾、文武考试等。统治者在此类建筑群内举行主要的政治活动以及仪典活动。从建筑构成形式看,全部为对称组合式。其中三合院式(R1)2处,四合院式(R2)2处。

5.4 匾额内容分类与分组

5.4.1 匾额内容分类

根据既往研究对匾额内容的分类依据以及解释分析,本书最终按照佛道思想、儒家思想、行为品性、皇权、仁政、政治智慧、自然要素、诗画内容、神话传说9类进行区分(表5-1)。

5.4.2 匾额内容分组

对匾额数据进行整理,并对统计结果进行聚类分析。以在一定范围内组别特征最为明显为基本原则,获得组别A、组别B、组别C(图5-3)。

组别A中,自然要素的匾额占比最大,为52.59%。其次是诗画内容,以及行为品性的匾额,比例分别为20.69%、16.38%,同时含有仁政、政治智慧、皇权、佛道思想,并未出现儒家思想及神话传说的内容。

组别B中,共出现四类匾额内容。佛道思想内容的匾额占比最大,为73.17%,其次为自然要素,为19.51%,同时含有极少数行为品性、政治智慧的内容。

组别C中,行为品性占比最大,为44.23%,其次为政治智慧,占

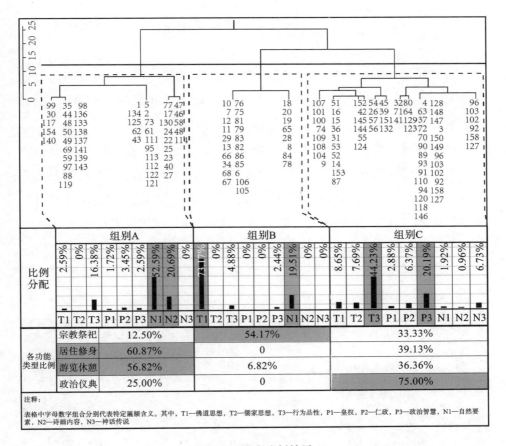

图 5-3 聚类分析结果

20.19%，再次是佛道思想、儒家思想、神话传说、仁政，比例分别为 8.65%、7.69%、6.73%、6.37%。同时，含有极少量的皇权、自然要素、诗画内容。

5.4.3 匾额意境感知视角下建筑群类别的庭园空间特征

本节将上述匾额分组结果同建筑群功能分类进行对应，获得各类功能建筑群的匾额分组比例关系，并以西苑园林两类基础的建筑构成形式为例证依据，选择空间构成特征数量占优的实例进行分析，以匾额视角进行庭园空间特征的考察（图 5-3）。本节中的建筑群具体构成形式均以图 5-2 中的符号指代。

1. 宗教祭祀功能建筑群空间特征

宗教祭祀功能建筑群中，组别B占比最大，为54.17%。组别C其次，占比33.33%。组别A最少，占比12.50%。此类功能建筑群中，匾额以佛道思想、行为品性、政治智慧为主要内容。

永安寺建筑群是典型的山地佛教建筑群，构成形式为R2，建筑群整体空间沿轴线排列成前后两进院落。靠近主入口的院落功能以佛教祭祀活动为主，主建筑以及两侧钟鼓楼形成对称空间。匾额以佛教语汇为主要表现内容。主建筑匾额"法轮殿""人天调御""慈云觉海"运用佛教语汇表达佛法强盛、教化众生的寓意（图5-4）。后进院落作为宗教活动后休憩、礼佛的场所，由主建筑以及两侧厢房形成围合空间，匾额"普安殿""慧根圆相""如如不动"表达了通过佛法开悟、解惑、祈求天下太平的意味。

图5-4　永安寺主建筑法轮殿

极乐世界建筑群位于西苑园林的西北部，构成形式为R2（图5-5）。极乐世界建筑群分前院、后院两进空间。前院以四方形主建筑为中心，以宗教祭祀及礼佛为主要内容（图5-6）。主建筑匾额"极乐世界"及"性海圆成"寓意借助佛教追求世间真理。后院建筑组合作为前院轴线的延伸，除"万佛楼"和"镜藻轩"分别为单纯佛教及自然物内容的匾额外,其余"澹吟室""清约池""澄性堂""致爽楼""妙相亭"表达了淡泊明志而勤于修身、自我约束的内容。此外,同样为R2构成形式的另外五处建筑群存在相同特征。此类功能建筑群还包含两处以R1为构成形式的建筑群,承光殿匾额以行为品性及自然要素为主要内容。万善殿匾额以佛道思想为主要内容。

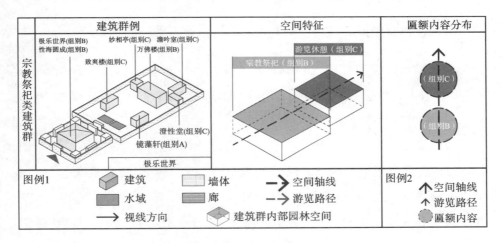

图 5-5 宗教祭祀功能建筑群空间特征

图 5-6 极乐世界建筑群入口

此类建筑群空间以中轴对称的递进形式构成,匾额内容以佛道思想及行为品性、自然要素为主。匾额内容随建筑群递进的中轴形成主题的递进,由纯粹的宗教语汇表达,逐渐过渡至对自身知行的反省。建筑院落也从主要的宗教祭祀空间过渡至休憩礼佛的空间。因此,匾额的表达同功能的递进形成复合,对建筑群中轴递进的空间特征进行强调。

2. 居住修身功能建筑群空间特征

在此类功能建筑群中,组别 A 占比最大,为 60.87%。其次是组别 C,占比 39.13%,并未出现组别 B。此类功能建筑群中,匾额以自然要素、行为品性、诗画内容为主要内容。

镜清斋是北海北岸一组重要的居住类建筑群,被称为"乾隆小花园"(图 5-7)。建筑群构成形式为 F2,此处建筑群通过庭园空间特征变化,形成三个空间独立的院落,具有不同的庭园空间特征(图 5-8)。前院空间由主建筑及游廊围合规整型水面而成,主要承担会客、修身的功能。其中匾额"镜清斋"及建筑内正面匾额"不为物先"寓意自观自省,无为而治,顺应自然。建筑群后院空间开放,建筑散布,以假山石及植物为主要庭园空间特征要素,以游览为主要功能。匾额"枕峦亭""画峰室""罨画轩""焙茶坞"以自然物及诗画自然为表达内容,寓意帝王向往自然的心境和提高自身修养的期许。

图 5-7 镜清斋内部园林空间

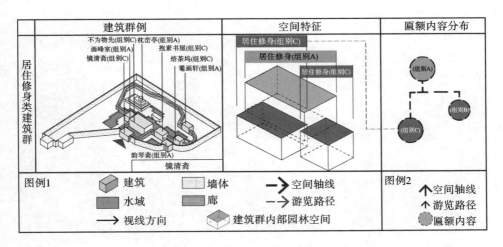

图 5-8 居住修身功能建筑群空间特征

东院以读书习字等活动为主要功能。利用游廊将建筑空间同其他两进院落形成隔离,院落内建筑面向中心水体,形成同入口空间相似的静谧的空间特征。匾额"抱素书屋"寓意自省、清心、心向质朴。"韵琴斋"以琴声代表水声,表达环境清幽的寓意。

画舫斋是位于北海东岸的建筑群,建筑构成形式为 R3,以游廊连接前院四合院空间与后院空间。前院建筑呈四合院形式,面向中心方形水域,视线良好(图 5-9)。画舫斋是统治者进行读书、习字等主要修身活动的场所,匾额"春雨林塘""竹风梧月""绿意廊"是对雨、池塘、竹、梧桐等自然物的直接描写。"画舫斋"和"镜香室"以水的内容同中心水体形成呼应。后院空间与前院用游廊连接,以居住休憩为主要功能,空间私密。"古柯亭""奥旷室"(图 5-10)"得真趣"有自然博大而个人渺小从而获得个人思考的意味。此外,澄观堂、涵元殿、纯一斋三处建筑群均存在匾额随空间分割的庭园空间特征。

此类建筑群空间对全部建筑群内部空间进一步分割,将修身活动同居住活动进行区分。在修身空间中,匾额多数表达了与自然物相关的内容,表现了统治者对文人生活的向往。在私密的居住空间中,匾额表达了个人行为品性的内容,形成个人思考。因此,匾额的内容对不同庭园空间进行了提

图 5-9　画舫斋前院建筑

示和强调,同时同建筑群整体反映统治者修身自省、心向自然的主题形成呼应。

3. 休闲游憩功能建筑群空间特征

在此类功能建筑群中,组别 A 占比最大,为 56.82%。其次为组别 C,占比 36.36%。组别 B 占比最小,为 6.82%。此类建筑群中,自然要素、行为品性、诗画内容的匾额为主要内容。

濠濮间位处北海东岸,建筑构成形式为自由组合式,沿游廊呈现强烈的动线特征(图 5-11)。经过北侧水面石桥,主建筑匾额"濠濮间""壶中云石"同所面对的水体相对,结合周边地形以及植物的围合,形成静谧的气氛,寓意统治者超脱自得的自然观。经过濠濮间沿爬山廊向上,上端建筑面向西侧配置,同北海水体形成良好的视线关系。"崇椒""云岫"寓意自然万物博大而自身渺小。动线所对应的视线空间发生变化,匾额内容也对空间特征的转换进行补充和加强。

图 5-10　奥旷室外景

北海北岸的五龙亭为邻水建筑群,构成形式为自由组合式,五个单体建筑以游廊连接,沿水面排列。动线为对称排列,游览者由两侧向中心移动。位于两边的两个建筑匾额为"滋香""浮翠",该匾额内容是对北海水面的描写。靠近中间的建筑匾额分别为"澄祥""涌瑞",该匾额内容以水的特征表达吉祥顺遂的寓意。中间为"龙泽",是统治者绝对权威的表现。整体匾额排列与中轴对称的空间构成形式重合,加深了皇权集中的寓意。此外,此类

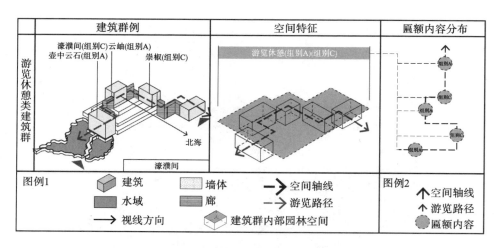

图 5-11　游览休憩功能建筑群空间特征

建筑群中,以 F1 为构成形式的两处建筑群,均有相同的庭园空间特征。碧照楼为对称组合式构成形式,动线特征较弱。

此类建筑群主要以自由组合式为基本构成形式,以单体建筑为基本单元,利用园路或游廊将建筑连接,形成明确的游览动线。匾额的内容同主体建筑构成方式产生联系,同时匾额的排布强调了线性的空间组织特征。因此,匾额与动线的变化产生重合,并层层递进,强化了游览中庭园空间的变化。对此类建筑群线性的庭园空间特征进行引导。

4. 政治仪典功能建筑群空间特征

在此类功能建筑群中,组别 C 占比最大,为 75.00%。其次是组别 A,占比 25.00%。组别 B 匾额并未出现。此类建筑群中,匾额以行为品性、政治智慧、仁政为主要内容。

紫光阁始建于明嘉靖三十五年(1556 年),是清代西苑园林内举行文武考试、仪典的场所。建筑群为对称组合式,主建筑紫光阁建于高台之上,形成居高临下的空间体验。匾额"紫光阁"寓意皇权至上。后殿武成殿与紫光阁建筑形成轴线上的延伸,匾额"武成殿""绥邦怀远"寓意怀柔远方、疆土安定。整体建筑群内匾额内容统一,随建筑构成形式中轴排布,营造了庄严肃穆的政治仪典庭园空间气氛。

　　勤政殿建筑群位于中海南岸,自康熙二十五年(1686年)起作为统治者驻跸西苑园林时的听政场所。建筑群构成形式为对称组合式(图5-12)。整体院落由面朝中海的主建筑以及两个厢房构成。主建筑匾额"勤政殿"寓意统治者勤于政务,是对历代统治者的提醒。"仁曜""昌德"南北两门匾额表达皇权盛德的寓意。匾额的内容主要表达对统治者的提醒与要求,同时强调了政治仪典空间中威严的空间特征。此外,悦心殿具有相同的庭园空间特征。丰泽园建筑群的构成形式为R2,匾额以行为品性及自然要素为主要内容,表达为苍生祈福的主题。

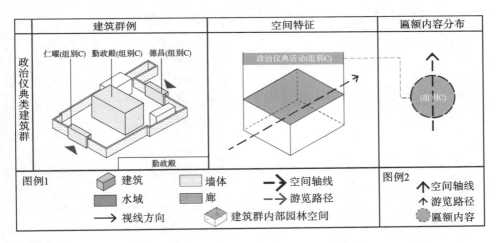

图 5-12　政治仪典功能建筑群空间特征

　　此类建筑群中,大多数建筑群以对称组合式为基本构成形式,建筑沿中轴排布,表现政治仪典庭园空间庄严肃穆的空间气氛。匾额集中表达行为品性、政治智慧、皇权等内容,反映出统治者在理政活动中时时自查自省、忧国忧民的自我要求。因此,统一主题的匾额同严整对称的建筑群空间配置进行呼应,强调了政治仪典活动的严肃气氛。

5.5 小　　结

　　本章以乾隆时期西苑园林为研究对象，以园林建筑匾额所描绘的园林意境空间内容与实体空间的共构关系为研究视点，对西苑园林不同功能类别建筑群的庭园空间特征进行分析考察，取得了一定的成果。根据分析结果，园林不同功能类别建筑群匾额的含义，同建筑群的空间构成方式、功能类别、活动内容、动线以及建筑群的空间特征等庭园要素具有很强的相关性。建筑群内匾额所塑造的意境空间同建筑群实体空间产生了相互强调、呼应的特征，其共构特征明显。

6 园林匾额意境感知与单体建筑基本特征、立地特征、视线关系共构特征

6.1 西苑园林建筑的虚实共构与嵌套关系

中国古代园林中虚实空间的共构现象可以用嵌套关系进行解释。中国古代园林广泛存在有文字及图像指向的"语义"虚拟空间同实体物理空间相互嵌套的表达倾向。虚实结合是园林空间营造的常用手法,而"托实向虚"则是中国古代园林,特别是清代古典园林区别于同时期园林的根本特征。本章以乾隆时期皇家御苑园林西苑园林为研究对象,基于园林中建筑基本特征、立地特征及视线关系与代表建筑匾额内容的"语义空间"进行关联性研究,解译园林语义、空间嵌套与虚实共构的特征关系。本节根据各建筑的布局及视线关系特征进行聚类分析并获得特征明显的4组类别。最后,将匾额意味与各类空间要素相互关联,解译各异的园林空间表达特征和形式。

中国古代园林存在将诗书、绘画等艺术抽象元素同自然景观相结合的传统。在人体尺度的园林空间中,造园者以园林建筑及构筑物为骨架,将立地、朝向、视线方向等空间要素,同周边自然或人工的园林空间进行衔接和组合,同时运用匾额、楹联等文字要素,表达自然山水意象及思想志趣,从而塑造虚实结合的整体园林空间。因此,将虚拟的语义要素同实体空间结合分析考察,是中国古代园林研究完整性的必要条件。

"嵌套"(nested)字面理解为两个物体相互适应且紧密联系的状态。在

现阶段研究语境下，其概念多出现于计算机编程语言，指单一图像、图层或系统序列加入另一层图像、表格或系统序列，形成系统中的子系统。如今，空间嵌套作为一种空间存续形态，被广泛应用于从建筑空间设计到城市区域发展的各个尺度的理论研究场景中。然而，在建筑景观学科背景下，空间嵌套多指不同尺度或维度的实体空间相互嵌套组合并产生关系，将可见可感的空间作为主要的研究对象和讨论范畴。由于园林研究的特殊性——文化属性和实体空间属性的二元融合与对立关系，确立了其基本的研究内容和方法框架，因此我们提出语义-空间嵌套关系模型，即文字的语义所引申的虚拟概念空间——意境空间同实体物理空间的嵌套关系模型。

为了明确研究对象的时空范围，本章将对象划定为乾隆时期的园林，对西苑园林内建筑匾额意味同特殊功能类别建筑所对应的相关空间关系要素进行整体嵌套研究，并解译语义-空间嵌套模式在园林中的表达形制。

在既往研究中，中国古代园林匾额意味同园林空间特征的关联性研究较为充分，匾额的意味和语义与园林空间意境的营造呈现高度吻合的特征，其通过比喻、用典、象征等一系列手法，给园林空间添景加色。此外，古代园林建筑匾额、楹联、题刻的艺术形式和特征研究同样较为丰富，建筑的匾额意味与其空间特征和意境的营造有明确的关联性这一观点已被证实。另一方面，学者通过对园林建筑结构、园林空间以及园林内建筑周边要素的立地和视线进行园林建筑空间、立地、视线三者相关性研究。然而，中国古代园林空间特征相关研究缺少将园林建筑匾额意味同园林空间要素相结合来考察古代皇家御苑空间特征的相关研究。因此，本章以西苑园林为例，对指定功能类别建筑的立地、视线关系所涉及的山、水、植物等要素同对应的匾额意味进行考察和总结，并在语义-空间嵌套模式下审视古代园林虚拟空间及实体空间的对应关系。

6.2 西苑园林单体建筑分布与分类

6.2.1 研究对象

西苑园林作为中国古代保存最完整的皇家御苑,经过多个时期的营建,于乾隆时期达到园林规模的高峰。其中园林建筑功能多样,涉及建筑群、单体建筑等形式,并结合水体、山体、植物及人工岛屿,构建了多样的庭园空间样式。为此,本章将乾隆时期西苑园林作为研究对象,从园林及建筑中,提取同周边庭园空间联系紧密的游览休憩类建筑群或单体建筑中的63处建筑空间作为具体研究对象(图6-1)。

6.2.2 研究方法

本章以2015年5月—2016年6月(北海公园部分)进行的现场调查以及相关图文历史资料为基础,对西苑园林建筑的匾额内容以及研究对象的建筑情况进行调查及整理。提取匾额内容,同时对匾额意味进行统计及分类,并以建筑形制、开放类型、建筑位置、空间围合、主视线方向、主对景物和南北对正性等多项空间指标为依据,明确各建筑的立地特征以及视线关系特征。在此基础上,利用聚类分析方法,对建筑进行类型化分组。最终,将分组结果同匾额意味分类的数量化关系对应,讨论考察园林空间特征,并得出相关结论。

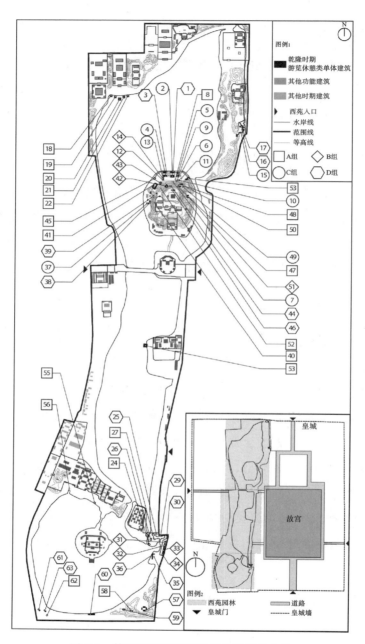

图 6-1 乾隆时期西苑园林单体建筑分布①

① 图中数字与表 6-1 中编号对应。

6.3 园林建筑空间特征类型的划分

本章依据既往研究对庭园建筑空间要素的提取,并结合前人在古代园林分析中对园林建筑空间构成的要素叙述,将研究对象的园林和建筑空间特征关系要素分为建筑基本特征、建筑立地特征和建筑视线关系,并细分具体内容。

6.3.1 建筑基本特征

建筑基本特征包括建筑形制和开放类型 2 类。其中,建筑形制参考既往研究中对中国古代庭园建筑的分类,按照建筑的体量分为类型 1(亭类等四周开敞的小体量建筑),类型 2(堂、室、轩等一层建筑),以及类型 3(楼、阁等二层及以上的大体量建筑),见图 6-2。建筑开放类型分为单面开敞、双面开敞以及多面开敞 3 种类型。

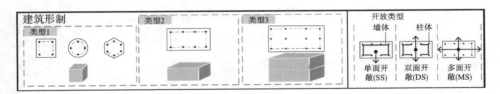

图 6-2 建筑基本特征分类

6.3.2 建筑立地特征

建筑立地特征包括建筑位置以及空间围合 2 类(图 6-3)。建筑位置根据周边环境的要素特征,分为滨水、平地、半山和山顶 4 类;空间围合分为有围合和无围合 2 种类型。

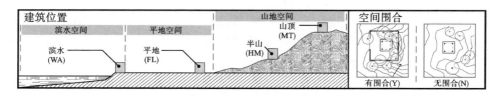

图 6-3 建筑立地特征分类

6.3.3 建筑视线关系

建筑视线关系包括建筑的主视线方向、主对景物和南北对正性 3 类（图 6-4）。主视线方向分为正南、正北、正东、正西和其他方向 5 类；主对景物基于建筑主视线方向上存在的景物内容进行分类，可分为植物、水体和建筑 3 类。

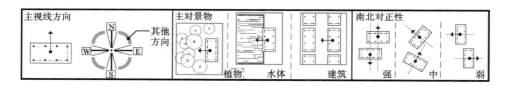

图 6-4 建筑视线关系分类

在南北对正性分类中，以南北严整对正为参考标准，分为强（严整南北对正）、中（东北对正、西北对正、东南对正、西南对正）和弱（东西对正）3 种类型。

6.3.4 类型化

在明确建筑基本特征、建筑立地特征和建筑视线关系的基础上，对 63 所建筑进行类型化处理。运用 SPSS22.0 软件的 Ward 平方欧氏距离法进行聚类分析，对分类集中且最显著的区间进行类型提取，得到以下 4 类（表 6-1、图 6-5）。

表 6-1 乾隆时期西苑园林单体建筑名称及聚类分析结果

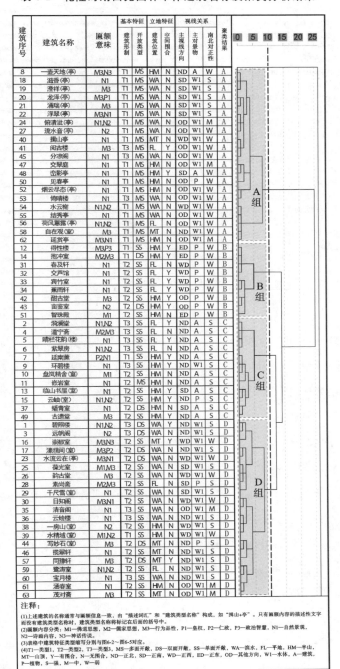

注释：
(1)上述建筑的名称通常与匾额信息一致，由"描述词汇"和"建筑类型名称"构成，如"揽山+亭"。只有画额内容的描述性文字后面没有建筑类型名称时，建筑类型名称将标记在后面的括号里。
(2)匾额内容分类：M1—佛道思想，M2—儒家思想，M3—行为处世，P1—皇政，P2—仁政，P3—政治智慧，N1—自然景观，N2—诗画内容，N3—神话传说。
(3)表格中建筑特征类型缩写分别与图6-2～图6-5对应。
(4)T1—类型1，T2—类型2，T3—类型3，MS—多面开敞，DS—双面开敞，SS—单面开敞，WA—滨水，FL—平地，HM—半山，MT—山顶，Y—有围合，N—无围合，ND—正北，SD—正南，WD—正西，ED—正东，OD—其他方向，W1—水体，A—建筑，P—植物，S—强，M—中，W—弱

6　园林匾额意境感知与单体建筑基本特征、立地特征、视线关系共构特征

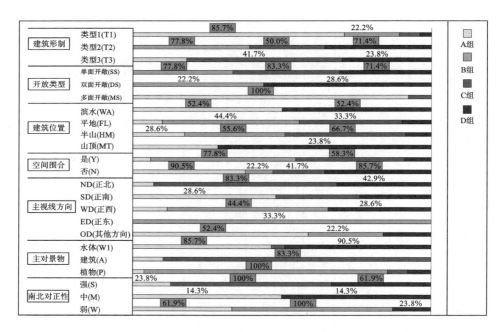

图 6-5 聚类分析结果与空间特征对应数量关系

A组21所建筑,多数为类型1建筑(85.7%),多面开敞(100%);以滨水立地为主(52.4%),无空间围合性(90.5%);过半数以非对正方向的其他方向为主视线方向(52.4%),主对景物绝大多数为水体(85.7%);方向对正性弱(61.9%)。

B组9所建筑,多数为类型2建筑(77.8%),单面开敞(77.8%);半山立地为主(55.6%),存在空间围合性(77.8%);主视线方向以正西、正东两个方向为主(分别占44.4%、33.3%),主对景物全部为植物,方向对正性弱。

C组12所建筑,由类型2和类型3建筑组成(分别占50.0%、41.7%),单面开敞(83.3%);半山立地为主(66.7%),过半数存在空间围合性(58.3%);主视线方向为正北向(83.3%);主对景物为建筑(83.3%);方向对正性强。

D组21所建筑,多数为类型2建筑(71.4%),单面开敞(71.4%);多为滨水立地(52.4%),不存在空间围合性(85.7%);主视线方向多数为正北向(42.9%),主对景物为水体(90.5%),方向对正性强。

6.4 基于匾额语义的园林建筑空间特征分析

中国古代园林往往通过建筑匾额的语义同建筑所对应的周边园林空间进行通感、升华等方式,将匾额意味传达的虚拟含义同实体空间中的建筑基本特征、建筑立地特征、建筑视线关系等相结合,强化不同园林建筑的园林空间特征。因此,在考察中,将上文划分的各组建筑的匾额意味、数量关系及具体内容,同各组建筑的实体空间特征进行对应研究,深入分析不同建筑匾额意味同园林建筑空间特征的关系。

本章参考既往文献对匾额意味的分类方式以及对西苑园林匾额内容的统计结果和语义解释,对研究对象的匾额内容进行分类,分为3大类和9小类,涉及思想、政治和自然3大类;佛道思想、儒家思想、行为品性、皇权、仁政、政治智慧、自然要素、诗画内容和神话传说9小类。将其占比与园林建筑空间特征类型呼应,得到以下结果(表6-2)。

表6-2 匾额内容分类与聚类分析结果对应

	思想类			政治类			自然类		
	M1	M2	M3	P1	P2	P3	N1	N2	N3
A组	0	0	28.57%	3.57%	0	0	50.00%	14.29%	3.57%
B组	9.09%	9.09%	27.27%	0	0	9.09%	36.36%	9.09%	0
C组	5.88%	5.88%	11.76%	0	5.88%	0	52.94%	17.65%	0
D组	6.67%	3.33%	33.33%	0	3.33%	0	33.33%	16.67%	3.33%

注释:
M1—佛道思想,M2—儒家思想,M3—行为品性,P1—皇权,P2—仁政,P3—政治智慧,N1—自然要素,N2—诗画内容,N3—神话传说

6.4.1 A组

A组的21处建筑匾额中,自然类匾额最多(67.86%),包含自然要素、

诗画内容和神话传说 3 类(分别占 50.00%、14.29%、3.57%);思想类匾额则集中在行为品性类(28.57%);政治类匾额极少,仅有若干皇权意味的匾额存在(3.57%)。

　　A 组建筑以滨水及半山的小体量亭类建筑为主,开敞方向多样,朝向受水体的位置及驳岸的走向引导、视线开阔,同周边的滨水空间联系紧密(图 6-6、图 6-7)。其建筑匾额运用自然类语义,多强调水主题,将建筑同西苑园林内部空间的联系进行强化。如俯清泚、流水音、水云榭、结秀亭等亭榭建筑,运用"清泚""流水"等文字,突出滨水建筑的活动主题,同时与其他视线方向上的景物进行呼应;此外,在视线及主对景物的影响下,一壶天地、澄祥亭等建筑运用行为品性类匾额意味,由自然景物引发游览者对世界观的思考,完成园林空间在思想境界层面的升华。

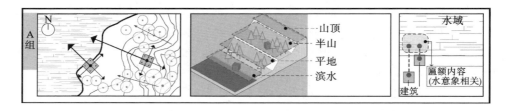

图 6-6　A 组建筑空间特征分析

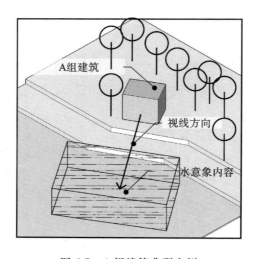

图 6-7　A 组建筑典型实例

6.4.2 B组

B组内部的9处建筑匾额中,思想类匾额及自然类匾额各占45.45%。其中思想类匾额以行为品性为主(占27.27%),佛道思想及儒家思想类内容并存(分别占9.09%、9.09%);自然类匾额包括自然要素及诗画内容(分别占36.36%、9.09%);政治类匾额占比较少(9.09%)(表6-2)。

该类建筑以半山及平地的厅、堂建筑为主,单面开敞,东西向对正,由周边的植物、自然山体和围墙等要素围合,形成相对单一、封闭的空间特征(图6-8、图6-9)。此类建筑中,宾竹室、交芦馆、蕉雨轩等自然类匾额,将竹、芦、

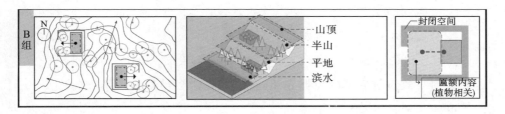

图6-8　B组建筑空间特征分析

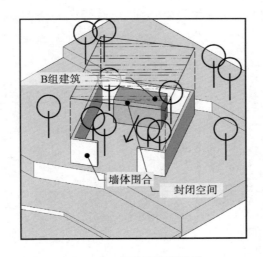

图6-9　B组建筑典型实例

芭蕉等意象同各个小空间内的植物主题进行映衬,强调了围合空间的领域感;此外,得性楼、抱冲室、酣古堂等匾额,强调游览者在封闭空间内对释、儒、道的思考以及对个人行为的自省,升华了整体空间的私密特性,同封闭的实体空间形成叠加效果。

6.4.3 C组

C组内部的12处建筑匾额中,自然类匾额占70.59%,含有自然要素及诗画内容2类(分别占52.94%、17.65%)。其次为思想类匾额(23.52%),行为品性的匾额仅次于诗画内容(11.76%),同时存在若干佛道思想、儒家思想类匾额(分别占5.88%、5.88%)。仁政意味的匾额若干(5.88%)(表6-2)。

C组建筑由厅堂建筑以及大体量楼阁建筑组成,为位于半山及平地立地类型的某建筑群内部的单体建筑,视线同周边自然景物联系较弱,但与该建筑群的其他建筑有较强的空间联系。(图6-10、图6-11)思想类匾额内容数量较前两组有所下降,自然类匾额仍是主要内容。如紫翠房、环碧楼、临山书屋、云岫等建筑,借助自然类匾额,在植物及自然景物相对较少的建筑空间中,通过反复、叠加的方式强调自然景物意味,力求在以建筑为主的庭园空间中使人产生身临其境的感受。

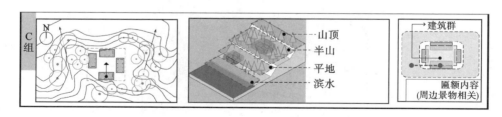

图6-10 C组建筑空间特征分析

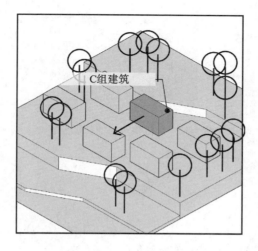

图 6-11　C 组建筑典型实例

6.4.4　D 组

D 组内部的 21 处建筑匾额中,自然类匾额占半数(53.33%),包含自然要素、诗画内容及神话传说三类(分别占 33.33%、16.67%、3.33%)。其次为思想类匾额(43.33%),同时存在若干佛道思想及儒家思想类匾额(分别占 6.67%、3.33%)。最后为少数仁政类的匾额(3.33%)(表 6-2)。

D 组建筑以滨水或山顶的厅堂建筑为主,并包含若干楼阁型大体量建筑,建筑主视线方向多为北向及西向,并以水体为主对景物。建筑单面开敞以及形制的特征,使得建筑与景物的联系更加紧密(图 6-12、图 6-13)。较 A 组的滨水类建筑,同水体空间产生更强的空间视线联络。虽然 D 组与 A 组均使用自然类匾额中的水体意味,但是相较 A 组,D 组出现了如碧照楼、远帆阁、云绘楼、千尺雪等更为广阔的自然空间意味,在匾额的具体自然意味上产生了尺度的旷奥对比。与 A 组相对自由的空间配置特征相比,D 组建筑严整对正,视线集中严肃的特征更为明显。

综上,不同组别的建筑对应了不同的匾额意味及空间特征,且各自特点显著。其中,A 组的小体量滨水建筑对应开敞空间,匾额意味对水域空间及

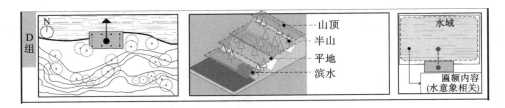

图 6-12　D 组建筑空间特征分析

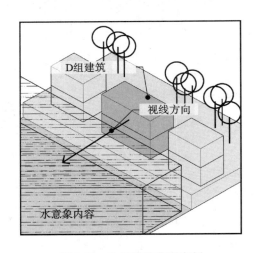

图 6-13　D 组建筑典型实例

滨水建筑的活动内容形成呼应和强调;B 组的中型体量建筑同植物、山体和墙体等空间围合要素形成较封闭的院落式空间,匾额意味对封闭空间内部的植物、山体景观产生点题效果,同时运用思想类的匾额意味烘托封闭清幽的气氛,以达到静思冥想的作用;C 组为从属建筑群内的单体建筑,在缺少周边自然景物陪衬的条件下,运用匾额中的自然意味,在以建筑围合的整体庭园空间中,将游览的建筑功能同隐喻的自然情景形成非实感的境界融合;D 组与 A 组建筑在视线关系构成上相似,同样与水体空间产生视线联系,但 D 组空间特征以严整对正的半山或山顶立地的中大型建筑形制为主,匾额意味出现了较 A 组更为广阔的语义内容,体现了不同条件下园林空间的等级和气氛差异。

6.5 小　　结

　　本章以中国古代园林皇家御苑西苑园林为研究对象，对西苑园林内部以游览休憩为主要功能的63处建筑进行了匾额意味与园林建筑空间关联特征的研究。在建筑基本特征、建筑立地特征、建筑视线关系的基础上，对63处研究对象进行聚类分析处理，得出了空间特征差异显著的4组建筑。在此基础上，研究将各组建筑的匾额意味内容同建筑的空间特征结合，最终对园林建筑空间的特征进行了明确和总结。

　　其中，匾额所表达的意味内容、具体意象以及意味的尺度，会随各组建筑所对应的实体空间特征产生差异性。在匾额语义与实体空间紧密联系的基础上，使用反复、升华、点睛等变化手法对游览者的实体空间感受进行叠加和加强。匾额的语义同实体空间相互嵌套，共同塑造了丰富的园林空间特征。在自然类匾额意味中，A组、C组占比较大，但两组匾额意味和空间联系的手法截然相反。A组建筑由于其滨水的立地特征，匾额的自然意味有着叠加和加强的作用，而C组建筑周围缺少自然景物的构置，匾额的自然意味有着扩充和提示的意象效果。在思想类匾额意味中，建筑与园林空间均有较强的关联性(A组、B组和D组)，A组和D组中广阔的空间与思想类匾额的宏大意味形成嵌套，加强了空间的旷奥程度，B组则以幽闭的空间形式与思想类匾额的佛、儒、道等意味形成嵌套，达到静思冥想的效果。政治类匾额在4种建筑类型中分布均匀且占比较少，体现了政治类匾额意味对建筑空间类型的普适性，在滨水开阔的空间类型中可表达权力的象征意味(A组)；在深山幽闭的环境中，感悟政治智慧(B组)；在开放或半开放的大体量厅堂建筑中，传达仁政思想(C组和D组)。

　　本章尝试从多方位解析西苑园林匾额的语义与园林建筑空间类型的嵌套机制，基于一定的数量关系表征了其相对严整且规律的对应关系。然而，研究对象的样本数量制约了结果的准确性，此外中国古代园林中"人"的特征差异化也是不可忽略的重要因素。

7 皇家园林、私家园林对比视角下的匾额意境感知与空间营造特征

7.1 皇家园林、私家园林的差异性与共通性

中国古代园林按照园林的所属、功能及规模的差异,分为皇家园林、私家园林以及寺观园林。其中,皇家园林与私家园林作为统治者以及士大夫文人居住空间的重要组成部分,与使用者日常生活空间产生重叠,呼应了古代园林文化中"城市山林,自然栖居"的主题。在园林空间的营造中,中国古代园林思想志趣也同具体的庭园空间的对应特征有所不同。因此,从匾额的视角对两类园林进行园林空间特征的对比分析,是进一步明确两类园林差异性与共通性的必要分析内容。

与匾额有关的既往研究中,从建筑构件、匾额的形制与内容以及书法艺术等角度出发的研究较多,同时也存在对匾额在整体园林空间中所发挥的具体功用以及同庭园空间的关联性论述。园林匾额同庭园空间特征的关联性研究中,以韩国、中国为例,对皇家园林、私家园林的匾额与庭园空间的分析较为充分;也有若干研究针对皇家园林、私家园林的匾额与不同建筑类型对应的庭园空间特征进行对比考察。然而,中国皇家园林同中国私家园林的对比研究并未出现。

因此,本章以中国古代园林中皇家园林、私家园林的代表为研究对象,对园林匾额意味进行整理统计,同时以匾额为视角,对不同建筑类型的庭园空间特征进行对比考察,对各自的特征以及差异性、共通性进行明确,同时明确皇家园林与私家园林两类园林中虚实共构特征的差异性。

7.2 南北对比背景下中国传统园林研究的开展

7.2.1 研究对象选定

本章以西苑园林及苏州私家园林(沧浪亭、狮子林、拙政园、留园)(图7-1)为研究对象。选定理由如下。①西苑园林以及苏州私家园林(沧浪亭、狮子林、拙政园、留园),分别代表了中国皇家园林以及私家园林较高的造园水平,是具有代表性的一系列园林。②西苑园林营建时间同这4处苏州私家园林建造时间年代相近。③西苑园林内部若干以居住、修身为主的建筑群空间,同苏州私家园林基本的居住功能相呼应。基于以上原因,本章将西苑园林中具有居住修身功能的5处建筑群(画舫斋、镜清斋、澄观堂、涵元殿、春耦斋)及4处苏州私家园林(沧浪亭、狮子林、拙政园、留园)作为具体的研究对象。

7.2.2 研究方法

首先,本章基于笔者于2015年5月和2016年4月—6月针对西苑园林以及2013年4月针对苏州私家园林进行的现场调查结果,对研究对象的匾额现存情况以及相应的庭园空间信息进行整理;其次,按照现场调查的结果以及相关既往研究、相关文献的记载,对研究对象涉及的匾额内容进行整理,对各匾额的意味进行解析、分类;再次,依据相关文献,对两类园林内部现存建筑的类型进行整理,提取共存建筑类型,对匾额意味在各类建筑中出现的频数进行整理和统计,得出相应的数量关系;最后,与各类建筑对应的庭园空间进行结合考察,得出相关结论。

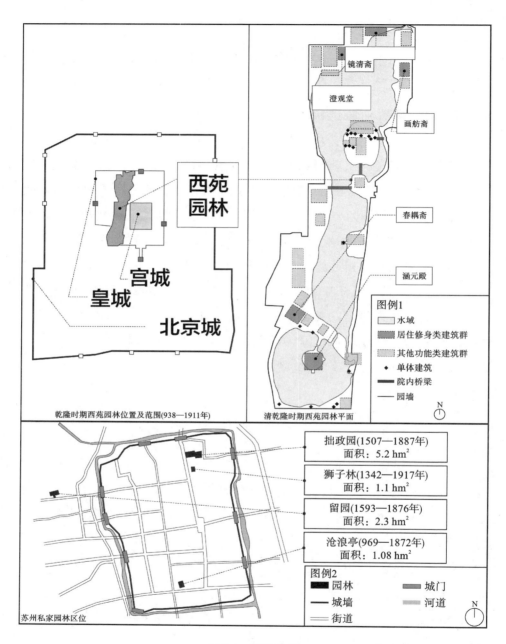

图 7-1 研究对象

7.3 空间、匾额的量化数据统计整理与分析

7.3.1 匾额意味解析与分类

本节基于文献资料及既往研究,对研究对象中现存匾额的内容以及匾额内容的增添、修改情况进行分析,对研究对象中匾额内容进行还原,确定最终的研究对象(西苑园林59处;苏州私家园林132处,见图7-2),并根据《西苑三海匾额通解》《北海匾联石刻》《苏州古典园林艺术》《苏州园林匾额楹联鉴赏》等文献资料中对匾额内容的记录及解释,对研究对象中的匾额内容进行解译,并对其意味进行提取并明晰(图7-3)。

在此基础上,本节根据既往研究中对匾额意味的分类依据,结合前述文献资料对匾额内容的解释,对匾额意味进行分类。其中,匾额内容分为文化类(C)、思想类(T)以及景物类(N)三类。文化类细分为宗教思想(C1)、神话传说(C2)两项;思想类细分为行为品性(T1)、才能德行(T2)、皇权(T3)、隐逸思想(T4)四项;景物类细分为动植物要素(N1)、园林景观(N2)、天体气象(N3)三项。在此基础上,展开下一阶段的分析考察。

分类	名称	编号	建筑名称	形制	匾额内容	匾额意味	分类	名称	编号	建筑名称	形制	匾额内容	匾额意味
西苑园林	画舫斋	1	春雨林塘	室	春雨林塘	N1,N2,N3	苏州私家园林	春耦斋	50	春耦斋	斋	乐民之乐	T3,T1
		2	画舫斋	斋	动静交养	T1,T4			51		斋	春韶悦豫	T3,N3
		3		斋	画舫斋	T4,N2		听鸿楼	52	听鸿楼	楼	听鸿楼	N1
		4		斋	竹风梧月	N1,N3			53		楼	神观萧夷	T1,T4
		5	镜香室	室	镜子香	T1,N2		爱翠楼	54	爱翠楼	楼	爱翠楼	T3,N1
		6	观妙室	室	观妙	C1,T1		怀远斋	55	怀远斋	斋	怀远斋	T1,T3
		7	古柯亭	亭	古柯亭	N1		竹汀亭	56	竹汀亭	亭	竹汀亭	N1,N2
		8	绿意廊	廊	绿意廊	N1		植秀轩	57	植秀轩	轩	植秀轩	N1
		9	奥旷室	室	奥旷室	T1,N2		大圆镜中殿	58	大圆镜中	殿	大圆镜中	C1,T1
		10	得性轩	轩	得性轩	T1		虚白室	59	虚白室	室	虚白室	C1,T4
		11	小玲珑室	室	得真趣	T1		东半亭	60		亭	倚虹	N2
	镜清斋	12	镜清斋	斋	镜清斋	T1,N2			61		亭	鹅	N2
		13		斋	不为物先	C1,T1		听雨轩	62	听雨轩	轩	听雨轩	N3
		14	抱素书屋	屋	抱素书屋	C1,T1		海棠春坞	63	海棠春坞	坞	海棠春坞	N1
		15	韵琴斋	斋	韵琴斋	T4,N2		嘉实亭	64	嘉实亭	亭	嘉实亭	N1
		16	碧鲜亭	亭	碧鲜	N1		玲珑馆	65	玲珑馆	馆	玲珑馆	N1
		17	画峰室	室	画峰室	T2,N2		玉壶冰	66	玉壶冰	馆	玉壶冰	T1
		18	枕峦亭	亭	枕峦亭	T4,N2		黄石筑山亭	67		亭	绣绮亭	N1,N2
		19	罨画轩	轩	罨画轩	N2			68		亭	晓丹晚翠	N3
		20	焙茶坞	坞	焙茶坞	T1			69		亭	水木清华	N1,N2
	澄观堂	21	澄观堂	堂	澄观堂	T1		远香堂	70	远香堂	堂	远香堂	T1,N1
		22		堂	乐意静观	T1			71		轩	倚玉轩	N1
		23		堂	水天清永	N2,N3		倚玉轩	72	倚玉轩	轩	静观自得	C1
		24		堂	寄清静心	C1,T1			73		轩	听香深处	N1
		25	玉兰轩	轩	玉兰轩	T1,N3		小飞虹	74	小飞虹	廊	小飞虹	N2
		26	快雪堂	堂	快雪堂	N3		听松风处	75		阁	一亭秋月啸松风	N1,N2
	涵元殿	27	翔鸾阁	阁	翔鸾阁	C2,T3			76		阁	松风水阁	N1,N2,N3
		28	瑞悦楼	楼	瑞悦楼	T3		得真亭	77	得真亭	亭	得真亭	T2
		29	神辉楼	楼	神辉楼	T3,N3		小沧浪	78	小沧浪	榭	小沧浪	T4,N2
		30	涵元殿	殿	涵元殿	T1,T3			79		榭	志清意远	T1,N2
		31		殿	天心月胁	T1,N2		净深亭	80	净深亭	榭	净深	N1
		32	景星殿	殿	景星殿	T3,N3			81		榭	香洲	T1,N1,N2
		33	庆云殿	殿	庆云殿	T3,N3		香洲	82	香洲	榭	烟波画船	N2
		34	藻韵殿	殿	藻韵殿	T2			83		榭	澄观	C1
		35	绮思楼	楼	绮思楼	T2			84		榭	野航	N2
		36	香裛殿	殿	香裛殿	T2,N2		玉兰堂	85	玉兰堂	堂	玉兰堂	N1
		37	迎薰亭	亭	迎薰亭	T3,N3			86		堂	笔花堂	T2,N1
		38		亭	对时育物	T3		空廊	87	空廊	廊	柳阴路曲	N1,N2
		39	鞀鱼亭	亭	鞀鱼亭	T3,N1		见山楼	88	见山楼	楼	见山楼	T4,N2
		40	补桐书屋	屋	补桐书屋	N1			89		楼	藕香榭	N1
		41	随安室	室	随安室	T1,T4		荷风四面亭	90	荷风四面亭	亭	荷风四面	N1,N3
		42		室	驻景	T1		雪香云蔚亭	91		亭	雪香云蔚	N1,N3
		43	待月轩	轩	待月轩	N3			92		亭	山花野鸟之间	N1,N3
		44	漱芳润亭	亭	漱芳润	T1,T2		待霜亭	93	待霜亭	亭	待霜	N1,N3
		45	八音克谐	亭	八音克谐	C1,T1		梧竹幽居	94	梧竹幽居	亭	梧竹幽居	T1,N1
		46	长春书屋	屋	长春书屋	T3		绿漪亭	95	绿漪亭	亭	绿漪	N1
	春耦斋	47	春耦斋	斋	春耦斋	N1		三十六鸳鸯馆	96		馆	十八曼陀罗花馆	T2
		48		斋	香严	C1,T1			97		馆	三十六鸳鸯馆	N1
		49		斋	云木含秀	N1,N3		塔影亭	98	塔影亭	亭	塔影	N2

图 7-2 匾额内容

分类	名称	编号	建筑名称	形制	匾额内容	匾额意味	分类	名称	编号	建筑名称	形制	匾额内容	匾额意味
苏州私家园林	拙政园	99	留听阁	阁	留听阁	N1,N2	苏州私家园林	沧浪亭	148	仰止亭	亭	仰止亭	T1,T2
		100	浮翠阁	阁	浮翠阁	N1,N2,N3			149	五百名贤祠	祠	作之师	T2
		101	笠亭	亭	笠亭	T4,N2			150	清香馆	馆	清香馆	N1
		102	与谁同坐轩	轩	与谁同坐轩	T4,N3			151	步碕亭	亭	步碕	N2
		103	倒影楼	楼	倒影楼	N2			152	锄月轩	轩	锄月轩	T4,N3
		104	宜两亭	亭	宜两亭	N1,N2			153	藕花小榭	榭	藕花小榭	N1
	狮子林	105	原祠堂	堂	云林逸韵	T1			154			华步小筑	N2
		106		厅	燕誉堂	T1			155	绿荫轩	轩	绿荫	N1
		107		厅	绿玉青瑶之馆	T1,N2			156	涵碧山房	厅	涵碧山房	N2
		108	鸳鸯厅	厅	听香	T1			157		厅	胸次广博天所开	T1
		109		厅	读画				158	明瑟楼	楼	明瑟楼	N2,N1
		110		厅	胜赏	N2,N1			159		楼	怡航	N2
		111		厅	幽观				160	闻木樨香轩	轩	闻木樨香	C1,N1
		112	小方厅	厅	园涉成趣	T4			161	可亭	亭	可亭	
		113	打盹亭	亭	打盹亭	C1,T4			162	清风池馆	馆	清风起兮池馆凉	N3
		114	揖峰指柏轩	轩	揖峰指柏轩	C1,N2,N1			163	远翠阁	阁	远翠阁	N1
		115	轩	轩	一峰独秀	N2			164	远翠阁	阁	自在处	C1
		116	见山楼	楼	见山楼	T4,N2			165	濠濮亭	亭	濠濮	C1,N2
		117	禅室	室	卧云室	N2,N3			166	濠濮亭	亭	月待人来	N3
		118	修竹阁	阁	修竹阁	T1,N1			167	曲溪楼	楼	曲溪	T2
		119	观瀑亭	亭	观瀑	N2			168		楼	山色上楼多	N2
		120		厅	水殿风来	N2,N3			169	五峰仙馆	馆	五峰仙馆	T1
		121	花篮厅	厅	橡袭含芳	T1			170	五峰仙馆	馆	藏休息游	T1
		122		厅	缘溪	N2			171		馆	汲古得修绠	T1,T2
		123		厅	开径	T4			172	西楼	楼	西夷	T4
		124	真趣亭	亭	真趣				173		楼	思补	T1
		125	暗香疏影楼	楼	暗香疏影	N1			174		亭	静中观	C1
		126	听涛亭	亭	听涛	N2			175	揖峰轩	轩	揖峰轩	C1,N2
		127	问梅阁	阁	问梅阁	T1,N1			176	还我读书斋	斋	还我读书斋	T2
		128		阁	绮窗春讯	N2,N1			177	林泉耆硕之馆	馆	林泉耆硕之馆	
		129	双香仙馆	馆	双香仙馆	T1,N1			178		馆	奇石寿太古	N2
		130	扇亭	亭	扇亭	N2			179		馆	东山丝竹	T4,T1
		131	诗碑亭	亭	正气凛然	T1			180	亦不二亭	亭	亦不二亭	C1
		132	御碑亭	亭	凝晖	T4			181	待云庵	庵	待云庵	T1
		133	立雪堂	堂	立雪	C1,N3			182	冠云楼	楼	仙苑停云	N2,N3
	沧浪亭	134	面水轩	轩	面水轩	N2			183	冠云台	台	安知我不知鱼之乐	C1,N1
		135		轩	陆舟水屋	N2			184		亭	佳晴喜雨快雪之亭	N3
		136	观鱼处	亭	观鱼处	C1,N1			185	缘溪行	廊	缘溪行	T4,N2
		137		亭	静吟	T4			186	小桃坞	坞	小桃坞	T4,N1
		138	闲吟亭	亭	闲吟亭	T4			187	至乐亭	亭	至乐	T1
		139	沧浪亭	亭	沧浪亭	T4			188	君子所履亭	亭	君子所履	T1
		140	闻妙香室	室	闻妙香室	C1			189	舒啸亭	亭	舒啸亭	T4
		141		室	见心书屋	T1			190	水榭	榭	活泼泼地	T1,S2,S1
		142	明道堂	堂	明道堂	T2,T4			191		榭	梅花月上楼柳风来	N1,N3
		143		堂	东菑	T4							
		144		堂	西夷	T4							
		145		堂	瑶华境界	N1							
		146	看山楼	楼	看山楼	T4,N2							
		147	翠玲珑	斋	翠玲珑	N1							

注释：
C1—宗教思想，C2—神话传说，T1—行为品性，T2—才能德行，T3—皇权，T4—隐逸思想，N1—动植物要素，N2—园林景观，N3—天体气象

及分类

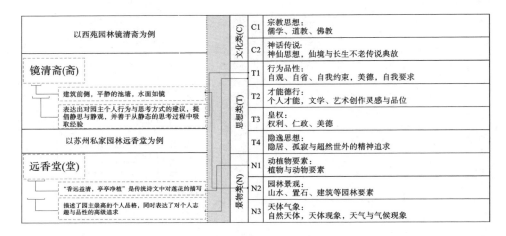

图 7-3　匾额内容分类及解决方法

7.3.2　园林建筑分型

园林匾额基于园林建筑与周边庭园空间产生紧密联系。本节对西苑园林以及苏州私家园林中共存的建筑类型进行整理并提取。依据相关既往研究，将共存建筑分为三类（图 7-4）。其中，堂、楼、阁等体量较大的位于园林空间中心位置的主建筑以及包含两层空间的建筑为 A 类型建筑；轩、斋、室等中型体量建筑为 B 类型建筑；亭、廊等以休憩、空间动线联络为主要功能的小体量建筑为 C 类型建筑。下一阶段考察将以上建筑类型作为基准，将类型建筑内部匾额意味分布的数量特征同建筑的外部空间特征相结合，对两类园林的庭园空间特征进行考察和总结。

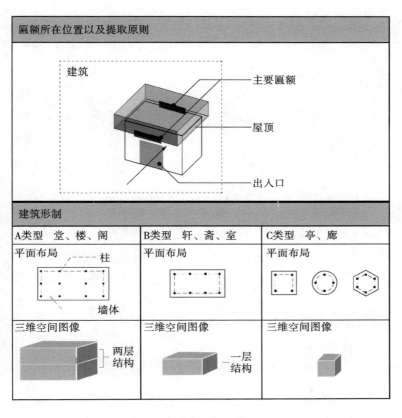

图 7-4　建筑形制分类方法

7.4　匾额意境视角下建筑分型对应的园林空间特征

7.4.1　A类型建筑（堂、楼、阁）

堂、楼、阁这类建筑大多处于空间中心，体量较大，层高较大，视野较好，是园主生活、居住、会客以及处理政务等的场所（图 7-5）。堂类建筑中，西苑园林和苏州私家园林的匾额意味以思想类为主（T）（图 7-6）。楼类建筑中，西苑园林匾额意味集中于文化类（C），而苏州私家园林匾额意味集中于景物类（N）。阁类建筑中，西苑园林匾额数量较少，仅有两处。苏州私家园林匾额意味多数为景物类（N）。

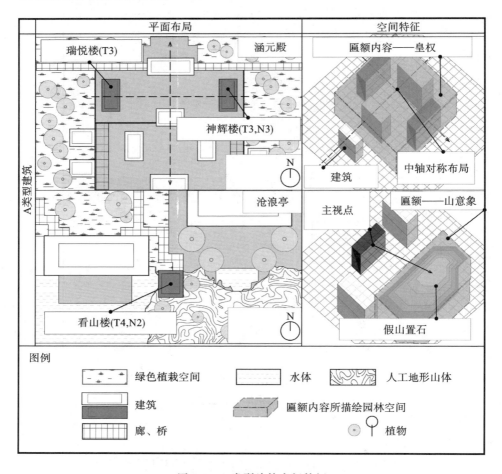

图 7-5　A 类型建筑空间特征

西苑园林中，匾额意味多数集中于思想类（T），如澄观堂建筑群中的"澄观堂""乐意静观"表达用冷静独特的视角观察世事，"寄清静心"表达儒、道思想中清净的处事观念。楼、阁类建筑中，文化类（C）及思想类（T）的匾额意味分布较多。涵元殿建筑群中"翔鸾阁""瑞悦楼""神辉楼"均借用神话传说中代表祥瑞的动物、天象等意象，表达皇权至上的内涵。其所处的涵元殿建筑群以严整对称的建筑组合形式，成为西苑园林内部主要的理政、生活起居空间。匾额内容强调了皇权集中的思想，呼应宏大严整的建筑空间格

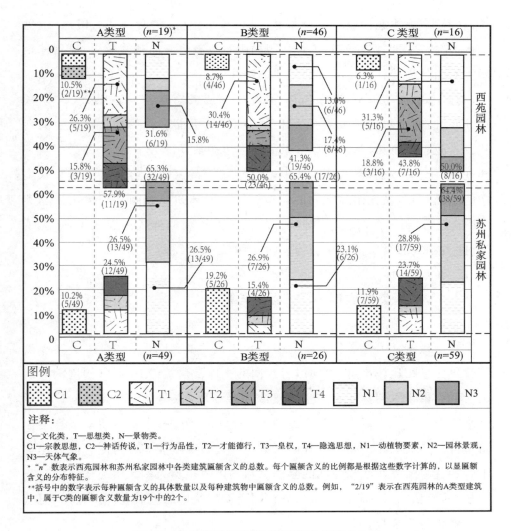

图 7-6 各类型园林建筑不同匾额内容所占比例

局,强调涵元殿建筑群严肃的空间氛围。

苏州私家园林中的思想类匾额出现频率最高。拙政园的"远香堂"匾额借用诗文"香远益清,亭亭净植"对荷花的描写,点明了远香堂正对荷花,同时借用荷花形象寓意园主清净处事的情怀。"明道堂""东菑""西爽"匾额表达了园主辨析事理的自我思辨意味以及寄情田园山水的隐逸思想境界。楼、阁类建筑中,景物类的匾额意味出现频数最高。其中,4处园林均出现了以"看山"为主题的匾额。狮子林"见山楼"、沧浪亭"看山楼"、留园"山色上楼多"描写了两层建筑对于观赏园内山石具有更好的视线效果,更延伸至园主对山林中处处见山的隐逸生活的向往。

综上,堂类建筑中,皇家园林、私家园林匾额意味均与思想类(T)匾额相关联,匾额意味表达园主在公开的园林生活中面对自然景物所产生的自我反省及思辨意味,是由简单赏景活动向思想活动的升华。楼、阁类建筑则体现出一定的特征,在西苑园林中,文化类(C)的匾额内容强调了对皇权集中的隐喻,同时烘托园林空间的严肃氛围。而苏州私家园林则运用景物类(N)匾额,强调了二层眺望空间与园内、园外景观的视线沟通效果,呼应了楼、阁类建筑的复层空间结构与园内、园外的良好眺望关系。

7.4.2 B类型建筑(轩、斋、室)

轩、斋、室是另一类特征较为明显的建筑类型。B类型建筑体量与A类型建筑体量相比较小,由单向或者双向的小体量建筑组成,通常同周围的筑山、水体、植物等园林要素产生直接或间接的联系(图7-7)。B类型建筑通常承担园主日常生活中较为私密的修身、藏书、居住、休憩等活动。轩类建筑中,西苑园林、苏州私家园林的匾额意味均以景物类(N)为主。斋类建筑中,西苑园林、苏州私家园林的匾额意味均以思想类为多。室类建筑中西苑园林、苏州私家园林的匾额意味分布同斋类建筑中的匾额表现出相同特征,也以思想类为多数。

西苑园林中,轩类建筑的匾额意味中景物类(N)的数量最多。如澄观堂建筑群"玉兰轩"出现玉兰这一高洁的植物形象,同时隐喻园主对自我品性的检视。涵元殿建筑群中"待月轩"通过古代诗文中"待月"这一意象,同滨水的立地特征相呼应,同水中月影相关联,同时表达了寄托于自然景物的闲适情感。斋、馆类建筑中,匾额意味出现频数最多的均为思想类(T)。画舫斋建筑群中画舫斋的匾额"动静交养"、镜清斋建筑群中镜清斋的匾额"不为物先"均表达了园主日常生活中对个人思想行动的规劝,崇尚精于观察、

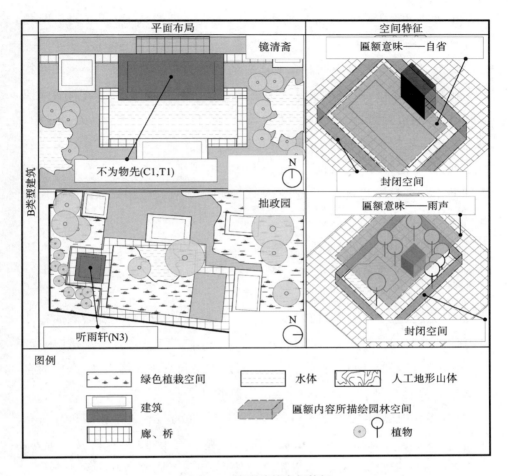

图 7-7　B 类型建筑空间特征

勤于思考的优良习惯。画舫斋建筑群中的"奥旷室""得真趣"和涵元殿建筑群中的"随安室"匾额均表达了园主对园林小空间同自然大空间对比的思考,同时表达了园主对闲适园林生活的喜爱。

苏州私家园林中,轩类建筑的匾额意味中同样以景物类最多。如拙政园"听雨轩""倚玉轩"描绘了聆听雨声以及邻水而坐、赏莲的情景,强调了同周遭自然物空间相联络的特征。斋、室类建筑的匾额意味均以思想类最多。其中,留园"还我读书斋"借用隐逸文学中"还我读书"的内容表达园主远离喧嚣城市生活的希望。沧浪亭"闻妙香室""见心书屋"表达了园主在读书、完善自我的过程中对内心世界的审视,同建筑自身的藏书、读书的功能相呼应。

综上,皇家园林、私家园林在B类型建筑中的匾额意味分布呈现相同特征。在轩类建筑中,匾额意味以景物类(N)为主,呼应了轩类建筑两面或四面开敞、同周边景物具有良好的视线联系的空间特征。而斋、室类建筑中,匾额意味以思想类(T)为主。斋、室类建筑多用于园主读书、习字等个人修行活动,匾额内容多从思想层面与活动内容相互呼应,突出园主的思想情趣和志趣。在B类型建筑中,皇家园林、私家园林在匾额意味的分布以及对应的空间特征上均趋于一致。

7.4.3 C类型建筑(亭、廊)

亭、廊类建筑作为庭园内部以空间连接、短时间停留为主要功能的特殊类型建筑,较前两类建筑的空间构成模式有明显区别。此类建筑是园主游园过程中穿过建筑、园林空间以及赏景的最主要和直接的场所,同周边的自然园景直接相关联,具有较为广泛和开敞的观景视线(图7-8)。亭类建筑中,西苑园林中思想类意味(T)同景物类意味(N)的匾额数量相同。苏州私家园林中,景物类意味的匾额数量较多。廊类建筑中,西苑园林仅存1处,匾额意味属于景物类(N)。苏州私家园林中,景物类匾额意味占多数。

西苑园林中,亭、廊类建筑的匾额意味内容数量分布较为平均,以思想类及景物类为主。如"古柯亭""枕峦亭""竹汀亭"等,使用匾额内容对建筑周边的古树、竹、山等自然景物以及园景进行点题,明确赏景空间的范围,在园主进行赏景的过程中具有强烈的指示与视线连接功能。此外,"迎薰亭""对时育物""牣鱼亭"借用典故中南来的微风、鱼满池塘等寓意,表现欣欣向荣的情景,同时强调了建筑整体南向(迎薰亭)或四面临水(牣鱼亭)的庭园空间立地特征。

苏州私家园林中,亭、廊类建筑的匾额意味内容数量以景物类占多数。如"小飞虹""荷风四面亭""雪香云蔚亭""观瀑亭""月待人来亭"等匾额,均

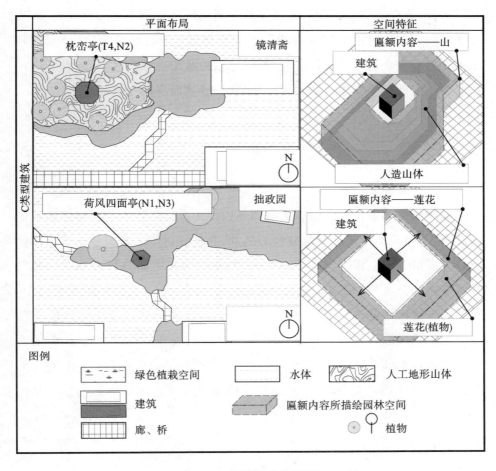

图 7-8 C 类型建筑空间特征

描写天象、植物、园林景观等具体意象,表现了对园林生活的细致观察,同时也与西苑园林的特点相类似,明确了赏景空间的范围并且强调了视线方向和视线联系。此外,苏州私家园林同时存在相当数量的思想类匾额意味,但与西苑园林不同,苏州私家园林的匾额意味如"静吟""闲吟亭""沧浪亭",多用诗文典故或直接表达醉心园林生活而隐居的思想,同西苑园林中表达皇权的意味特点产生一定区别。

综上,皇家园林、私家园林在 C 类型建筑中匾额意味的数量分布相类似,但匾额意味的具体意象产生了差别。景物类(N)匾额意味均以自然物、园景、天象等意象,强调了亭、廊类建筑同周边园林空间紧密的视线联络,为赏景空间的划分提供更明确的指向。而思想类(T)匾额意味中,皇家园林匾额意味多在表达与建筑的立地、朝向等相关联的皇权寓意内容,而私家园林匾额意味则在呼应周边庭园空间的同时,表达园主的隐逸思想。

7.5 小　　结

本章从中国古代皇家园林西苑园林以及4处代表性的苏州私家园林的匾额切入,以园林建筑类型的分组为基准,分析并讨论了各类型建筑组内匾额意味视角下的庭园空间,并对各个类别建筑中皇家园林以及私家园林的庭园空间特征进行总结,得出了相关结论。其中,不同类型的建筑组别中,匾额内容的比例也出现了不同的特征。此外,皇家园林与私家园林在A类型建筑中,匾额内容的比例及匾额内容所指代的空间特征产生差异,但是在B类型建筑及C类型建筑中,皇家园林、私家园林的匾额内容以及所对应的庭园空间特征基本类似,只在匾额意味的细分以及匾额所表达的具体意向中有细微的差别。

8 意境感知与实体空间共构特征总结

8.1 意境感知与实体空间共构

中国古代园林由最初的生产功能特有空间,逐渐发展为具有皇家、私家以及宗教等属性的园林。随着中国古代的美学、哲学、艺术的发展,园林艺术受到其他艺术的影响,园林的实体空间中开始融入其他文化背景及内涵,表现园林空间中虚体和实体两类空间相互对应结合的特征。同时,由于园林本身立地同居住等空间的紧密关系,园林最终逐渐成为中国古代表达个人思想志趣,抒发自然观、世界观的空间舞台。

西苑园林是中国古代园林中现存较为完整的皇家御苑园林,其营建并发展于中国古代园林发展的高峰期。此外,凭借不同时期皇家的殷实物质基础,西苑园林的造园水平在某种程度上已达到了中国古代御苑园林的高峰,具有明清时期中国古代园林发展晚期的园林营造特点与庭园空间特征。因此本书也基于西苑园林展开研究,基于西苑园林庭园空间的发展演替特征以及内部具体的庭园空间特征展开对应研究,并从匾额内容及意味的角度,对西苑园林以及中国古代园林虚体空间及实体空间的对应特征关系展开了讨论,并总结了相关的结论。

本书第3、4章对西苑园林自开始建造以来的几个时期的庭园空间变迁过程以及特征进行了总结和梳理。从庭园与外部皇城结构的关系维度、内部园林山水结构维度以及建筑种类及数量维度三个维度对庭园空间的变迁进行量化,从三个维度对西苑园林的四个历史发展阶段进行了考察和讨论。

结论显示，在早期的发展阶段中，西苑园林整体园林空间特征的形成主要受到外部皇城结构的变迁以及内部山水尺度的变迁影响，庭园空间的构成处于整体结构维度内。而在后期，西苑园林的整体空间特征主要受到其内部相对固定的山水结构体系内园林建筑的增添和修筑的影响，庭园空间构成发生在较为具体的人居尺度的空间维度内。

本书第 5 章基于前述章节的基本结论，将对西苑园林在乾隆时期的 4 个功能类型的 23 处建筑群作为具体的研究对象进行分析，并且从匾额意味的角度，明确了不同功能类别的建筑群内部的庭园空间特征。结果表明，在西苑园林中，不同功能类别的建筑群具有各自不同的庭园空间序列和特征。而各类功能以及庭园空间序列又与内容各异的匾额意味相互对应。匾额意味所指代的虚拟空间同实体空间以及建筑群的具体功能具有紧密的对应关系。

本书第 6 章在第 5 章确定的 4 个功能类型的建筑群以及各建筑群空间特征的基础上，将乾隆时期西苑园林内部具有游览休憩功能的建筑群以及单体建筑作为具体的研究对象进行分析，明确了建筑的立地以及视线关系等一系列空间要素同匾额意味的对应关系。结果表明，在不同立地条件以及视线关系条件所形成的建筑组别内，匾额意味的内容也出现了不同的比例分布。其建筑对应的实体空间，同匾额内容所指代的虚拟空间出现了一定程度上的对应规律。匾额意味所指代的虚拟空间，更加深了游览过程中游览者对庭园实体空间的认知与感悟。

本书第 7 章在第 5 章确定的 4 个功能类型的建筑群以及各类建筑群空间特征的基础上，提取了乾隆时期西苑园林内部具有居住修身功能的建筑群，与同时期苏州私家园林中 4 处具有代表性的园林进行了对比，明确了相同功能类别的建筑内，两类园林的建筑基于形制、体量等差异，与其对应的匾额意味及其所对应的实体空间产生的呼应和变化。此外，本书在不同建筑形制所对应的实体空间和虚拟空间中，明确了皇家园林同私家园林在相同条件对比下的若干相同和不同的特征。

8.2 基于建筑与建筑群类型差异的共构特征总结

中国古代园林的基本构成,是以园林建筑为主要框架,运用连贯流动的动线或视线关系将建筑及园林内部的水体、山体、置石、植物、构筑物以及园林外部的借景要素等进行串联。其中,园林建筑的匾额内容与其所对应的园林要素构成的庭园空间相互呼应。本书将西苑园林各个功能类别的建筑群及单体建筑作为研究的整体分析框架,通过对西苑园林各类功能建筑群以及单体建筑的匾额意味以及对应庭园空间特征的分析及讨论,明确了相关结论,即在西苑园林所代表的中国古代园林内部,不同功能以及空间模式类别的空间中,匾额所代表的虚拟空间意象又同实体空间的形态产生了相互对应关联的规律。

8.2.1 宗教祭祀类建筑群

西苑园林内部的宗教祭祀类空间由大部分的佛教院落、少部分道教院落以及若干祭祀活动相关的场所组成,数量较多,承担了统治者以及亲族在皇城内部的园林生活中进行宗教祭祀等活动的主要功能。西苑园林内部的宗教祭祀类建筑群,虽无法包含完整的宗教寺院的空间结构和规模,但是在建筑群内部的空间序列上具有独立于其他建筑群的空间特征(图8-1)。基本的空间主要由两部分空间轴线式排列,其中前院空间是主要的宗教活动和祭祀空间,后院空间是宗教活动后的休憩以及静思、冥想修身空间。与空间的功能相呼应,前院空间的匾额主要表达了宗教思想以及教导,表达了宗教视角下广博的世界观以及自然观。而后院空间的匾额则更多表达了对宗教思想内涵的思考,宗教思想引导统治者反思。统治者在此类空间中的活动不同,其匾额意味所代表的虚拟空间也产生了由宗教思想到统治者个人思想境界的升华。

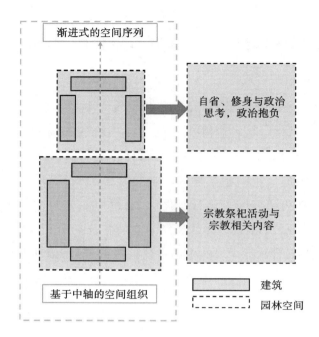

图 8-1 西苑园林的宗教祭祀类建筑群与匾额意境空间共构特征示意

8.2.2 居住修身类建筑群

西苑园林内部的居住修身类建筑群，是统治者以及亲族在西苑园林内部长时间停留的一类空间。在此类空间中，统治者及亲族主要进行居住、修身、会客等活动。空间序列由较为外向的会客、活动空间以及较为私密的居住空间构成（图8-2），但并没有按宗教类建筑群的轴线递进式排列。在此类空间中，匾额的内容相较于宗教祭祀类空间，多表现统治者个人的志趣及情怀，以及对人生观、世界观以及自然观的思考。在此类空间中，匾额代表的虚拟空间，更偏向于实体的景观意象与诗书画中的传统寓意，是统治思想在园林生活中的表达。

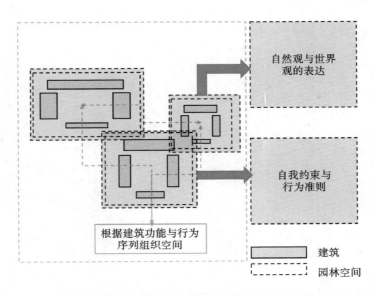

图 8-2　西苑园林的居住修身类建筑群与匾额意境空间共构特征示意

8.2.3　游览休憩类建筑群

西苑园林内部的游览休憩类建筑群,是统治者及亲族在西苑园林内部活动过程中,以游览以及短时间休憩为主要功能的空间。此类建筑群内部的建筑体量较小,相对轻盈,具有相对线性的动线组织,空间的秩序性和围合性较其他建筑群并不明显(图 8-3),同时,又与周边庭园要素以及园林的整体山水空间联系紧密。匾额内容所指代的虚拟意象,更多地反映了同实体空间相对应的具体空间意象以及庭园要素。由于匾额所处建筑的立地、视线关系有所不同,以及对应具体庭园景观的相对空间关系,匾额意味也存在差别,但总体上表达了统治者对园林生活的志趣与喜爱,同样也表达了统治者对园林生活的追求。

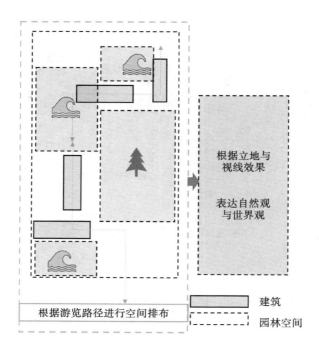

图 8-3　西苑园林的游览休憩类建筑群与匾额意境空间共构特征示意

8.2.4　政治仪典类建筑群

西苑园林内部的政治仪典类建筑群，是统治者在皇城内部除紫禁城之外举行政治仪典类活动的空间，同时也是统治者在西苑园林内部活动、居住时期举行政治仪典活动的空间。同其他相对复合的空间模式相对，此类建筑群的空间模式以主要建筑为中心进行向心式排列，同时具有强烈的中轴对称趋势，以此来强调皇权的集中性与严肃性（图 8-4）。匾额内容所指代的虚拟意象，也多是表达皇权集中、统治者视角的世界观及统治者对政务、国家管理的思考。匾额内容与严整对称的空间构成模式相对应，同时呼应了空间的功能属性。

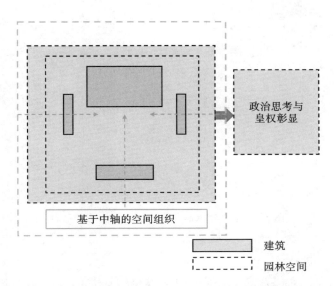

图 8-4　西苑园林的政治仪典类建筑群与匾额意境空间共构特征示意

8.2.5　单体建筑

西苑园林内部的单体建筑独立于建筑群之外,其立地周围未有空间分割,而直接同园林的整体山水结构紧密联系,是统治者在各类建筑群外部活动中短暂休憩的空间。同游览休憩类建筑群内部的建筑相似,单体建筑同周边的自然环境紧密相连,而匾额内容所指代的意象也同周边环境所对应的庭园空间要素直接相关,表达了统治者对园林生活的细致观察,同样表达了统治者对园林生活的喜爱与感悟(图8-5)。

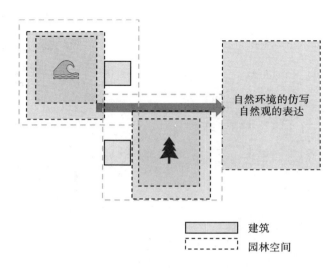

图 8-5　单体建筑匾额意境空间共构特征示意

8.3　匾额意境感知与空间共构的综合考察

中国古代园林的发展受到皇家园林、私家园林以及寺院园林等的影响，呈螺旋式发展。本书对西苑园林的一系列分析基本明确了其庭园空间特征的基本构成形式以及空间特点。在庭园空间的特征表达上，特别是中国古代园林所崇尚的虚拟境界的表达上，西苑园林受到了园林所属形制的影响，表达出了其两面性，即皇权的表征形态以及文人的精神内核。庭园空间特征的表达形式也出现了基于以上叙述的两面性。以下讨论将基于庭园空间特征的表达形式两面性进行更深入的总结和讨论。

8.3.1　基于帝制与统治的皇权思想在皇家园林空间中的表述

以西苑园林为代表的皇家园林，其营建过程依托于统治阶级强盛的资源调配以及国力，导致园林的规模、空间模式、复杂程度、功能等方面明显区别于私家园林。相对应的,在皇家园林较大尺度的园林空间结构下,也同时出现了小体量园林——建筑群的结构(园中园)。其中,政治仪典、宗教祭祀两类独立的园林空间,便是皇家园林有别于私家园林的重要部分,也是皇权在皇家园林空间内部的表达。统治者将管理、权力运作、祭祀等日常活动纳入园林空间内部,同园林空间形成整体,是统治者对中国古代园林生活的独特理解。

相对应的,基于匾额意味所表达的虚拟意象空间,更加强了这类皇权思想的表达。除政治仪典类空间内部出现的直接表达皇权、仁政、行为品性等内容外,匾额内容中出现的宗教意象、自然物、天象、神话、诗词典故中,也存在将日常的自然现象提升到另外一个层次,以表达君权神授的思想以及皇权统治的封建合法性的情况。在这个层面,皇家园林契合了清代统治者人格构成中作为君主的一面。

8.3.2 基于中国传统园林文化的文人思想在皇家园林空间中的表达

除去帝制与统治的皇权思想的表达,皇家园林仍保留着符合中国文人传统的园林意象。例如具有供统治者本人以及亲族居住、游赏等功能的建筑群、单体建筑内,仍然以基于中国古代园林传统造园手法的方式,有别于皇家建筑、宫殿、园林等严肃、对正、等级的空间寓意,对园林空间进行营造。基于中国传统园林"城市山林"的内涵,进行自然环境的人工模仿,力求达到"本于自然,高于自然"的状态。而高于自然的部分,则通过匾额内容等文字意象,对园林空间的要素进行直接描写,同时对传统诗书画中的文人思想及思考境界进行传达。通过实体空间以及虚拟空间对传统意境的摹写,表达统治者在园林营建中传统文人人格的一面。

中国传统文人的人格,是将隐逸、超脱与自然相互融合从而提炼自身的自然观以及世界观,表达个人对世界的观察。由这种内核所构成的庭园精神,同样也表达了中国传统文人对自然的观察和思考,以及对园林生活的喜爱。清代统治者在学习汉文化的过程中,将传统文人的精神内核用园林的空间表达方式进行表述。他们对园林的理解,不仅存在于表层的实体空间结构、建筑结构的摹写与仿造,更通过匾额、楹联等一系列园林文字要素表达虚拟意象,更加形象、具体地表达了中国传统园林空间的内核。这种内核被认为是西苑园林作为古代皇家园林表现出的最重要的特征。

9 传统园林意境感知共构的现代景观设计实践与应用

中国古代园林的意境审美基础发端于传统文化中的意境美学基础,源远流长。根据前述历史研究,中国古代园林意境审美的表达方式是始终变化的,并于封建社会末期达到顶峰。在这一时期,意境的表达媒介及手法、内涵已发展到相当繁荣的水平。然而,以匾额意境为代表的意境审美标准深深根植于中国传统文化审美、中国传统宅园结构及传统景观格局中,是以宅园私有为基础,带有明显社会等级分化的一类审美志趣。现今,就继承与发扬中国古代园林的意境审美这一命题,难免有各种互不接洽的情况出现。

现代城市的基本格局与发展策略同封建社会已有根本不同。相应的,园林景观的基本结构也顺应现代景观理论的发展方向,更看重城市景观的开放性、功能性及生态性等特征。继承和弘扬中国古代文化的意境审美基础,特别是以园林匾额为主要表达方式的意境表达传统,应找到现代城市景观与中国古代园林发展审美特征的契合点。有如中国古代园林造园理法中互为因果的创作次序,现代城市景观的发展与建设同样应找到与传统园林文化互为因果的切入点,完整地继承和发扬中国古代园林审美传统。

9.1 践行"城市山林"的历史命题

中国古代园林中"城市而林壑"的主题,是对中国古代城市园林的定位,同时也是对自然情怀的抒发与表达。在中国传统的文化观念与审美志趣中,自然是无法同人完全割裂的,是不加修饰的真自然;即使身处城中,也应是"宛自天开"的自然。如此这般表达,是由中国传统文化的基因决定的。

进入21世纪，人居环境成为城市发展的重要命题。城市的整体规划及发展方向根据相应的城市规划以及绿地系统规划，提出了"园林城市""山水园林城市"等概念。从规划设计的视角和尺度诠释"城市山林"的命题，应在满足绿量、功能性、生态性等多种要求的基础上，提出中国传统园林文化中"城市而林壑"的诉求，表达城市中"自然"的意象，创造"天人合一"的意境表达契机，将现代的城市风景园林事业同古典的山水观念巧妙契合，引导规划设计向更加宜居、引人入境的"城市山林"方向发展。

9.2　形成有中国古代园林传统审美特征的设计风格

中国古代园林传统审美特征应通过独特的设计手法与风格传达。中国古代园林特点鲜明，手法多样，内涵丰富，善于从小处着手，小中见大，化劣为优，经营城市空间。在现代开放式的城市景观设计中，也应适当参考中国古代园林意境的营造思路，形式上开阔，意境上深远，追求形神兼备的现代景观设计。

挖掘园林景观意境的深度，应掌握好中国古代园林中意境表达的若干手法策略。园林匾额等意境传播的手段，更直观地传达了园林意境；通过园林意境丰富城市景观空间，深刻理解借景等造园理法手段在意境传达中的作用方式，不拘泥于实体空间的推敲，纵向加深实体空间的意境内涵，强调各个城市景观空间的逻辑合理性。

9.3　小中见大的意境审美继承策略

城市范围内的景观作品尺度各异，空间特征不同，难以汇总较为系统的意境表达方式与空间营造方法。我们应总结中国古代园林中景观小品等尺度的意境营造经验与技法并加以借用,使小尺度的景观空间富有变化和深意,设计出符合大众审美规律的城市景观空间。

在城市景观节点的营造中,我们应注重小尺度景观作品中空间氛围的塑造。在满足功能需求及生态需求的基础上,利用意境拓展空间的功用,以园林小品等节点为基本单元,使园林意境的传达与实体空间形成良好的配合,利用深远的意境弥补空间及限定条件的不足之处,增强小尺度城市园林空间的吸引力。

9.4 小　　结

本书通过梳理一定数量的历史资料以及国内外相关研究成果,将中国古代园林匾额意境与实体空间理法作为主要研究内容,将清西苑园林作为主要研究对象,运用文献分析、统计分析、实地调研、实体空间分析等研究方法,对中国古代园林中意境审美的发展、中国古代园林发展历程中园林匾额意境的表达历史沿革、西苑园林的发展脉络、西苑园林北海部分园林匾额意境内容的统计及分类分析、西苑园林北海部分园林匾额意境同实体空间的对应、园林意境审美对现代城市园林空间营造的影响几方面进行了研究,成果总结如下。

中国古代园林艺术是中国古代艺术思想的总结与反映,园林艺术中对自然的真实还原符合中国传统自然山水观念。中国古代园林的意境审美观发展历史悠久,魏晋时期的隐逸思想以及唐代之后的文人自然山水观,是园林意境审美发展壮大的基础。园林意境的传达内容与表述方式同时与城市结构的发展、建筑技术的升级等产生关系。

园林匾额作为中国古建筑的一类结构性单元,在园林意境的表达上发挥重要作用。匾额有定性、点景及表达园林意境的功能。文字传达意境内容具有先天优势。中国古建筑匾额自秦朝开始出现,最初以指名为具体功用;两宋时期的园林中出现了表达园林意境的匾额,后匾额逐渐具有更深入的意境表达功能。

西苑园林发展历史悠久,在辽金时期就对自然本底较好的一部分郊野区域进行人工景观的建设。随着北京皇城的变迁,其结构也有改动。自金代确立的一池三山体系结构在明代之后逐渐弱化,尤其是乾隆时期的一系列修葺活动,使西苑园林完成了由三山系统向以琼华岛为主要岛屿的向心结构的转变。西苑园林北海部分空间开阔,特征明显,独立的各类园林空间散布,功能多样,这是本书着重研究西苑园林北海部分的重要原因。

本书通过对西苑园林北海部分匾额意境内容以及年代统计结果分析可得:西苑园林匾额意境内容以自然描写并抒发园主山水情怀的内容居多,是中国古代园林意境传统的回溯表达,符合中国传统的自然山水观,是清代帝王"精神栖居"、中国传统文人山水情怀的表达;匾额所表达的意境内容层次有别,有单层次的直白描写类,有多层次的深层描写类;大体量建筑具有更大的匾额容纳量,匾额意境的涵盖范围越发宽阔,小体量建筑对应关系单一且明显。西苑园林北海部分的匾额绝大部分产生于乾隆时期。光绪时期及后期虽有修葺活动,但并没有太多具有深远意境的匾额存世,反而有一些匾额修改、丢失或增补,破坏了西苑园林北海部分原有的意境气氛。

由对西苑园林匾额意境以及对应实体空间的分析可得,从孟兆祯先生确定的园林创作的序列角度,以匾额为代表的园林意境表达始终存在于明旨与立意、山水间架、借景理法等环节内,并互为因果。意境巧于因借,利用借实、借虚等手法,配合园林实体空间的氛围营造,抒发园主情怀。而园林的实体空间塑造则因势利导,随曲合方,在有限的空间中完成对深邃意境的描写塑造。二者相互衬托,并无先后。

中国古代园林意境美学在现代景观实践中的应用,应从不同的问题尺度出发,从规划、设计以及节点空间细部的三个尺度,层层对应,以不同尺度的不同理法方式应对,努力营建具有"天人合一"深度思想、"城市山林"情怀的中国传统文化继承下的现代景观。

本书的创新之处如下。

(1)本书梳理并研究了中国传统园林文化中意境审美的发端基础以及

发展渊源，从多个角度的现代理论基础对中国古代园林文化中的意境审美观进行解释；梳理并研究了中国古代园林中匾额的功用、发展变化历程以及匾额表达园林意境的历史源流，强调了匾额在表达园林意境中不可替代的作用。

（2）本书通过统计的方式对西苑园林北海部分的匾额进行系统的统计并分析，根据匾额的内容、特点等因素进一步分类，类比相似数据，对匾额表达园林意境的方式手法及特点进行了规律性总结。

（3）本书从园林匾额意境表达与实体空间特征对应的视角对西苑园林北海部分的园林实体空间进行了对应分析，从园林创作顺序中的明旨与立意、山水间架、借景理法三个方面分别例证，强调园林匾额意境表达与实体空间理法的关系特点。

限于篇幅以及研究深度，本书仍存在诸多方面的不足，仍有一些未解决的问题以待日后继续完善补充。

首先，本书梳理了中国古代园林中意境审美的发展历程，并针对西苑园林进行了匾额意境同实体空间的对应研究，但是没有梳理历史发展过程中各阶段的园林意境同实体空间的对应关系。本书的研究对象为清代皇家御苑，存在一定的局限性。

其次，园林匾额意境的内容统计及分类方面，虽然进行了类别的确定和统计，但是并未就园林匾额意境的统计分析结果同其他相关研究的统计结果进行横向的对比分析，仅以西苑园林作为研究样本进行分析和梳理，分析结果难免略显单薄。

此外，在对园林匾额意境同实体空间的对应研究中，对实体空间的选取和分析仅限于布局结构、尺度、对位关系等。多数分析从所搜集的图纸等资料出发，并没有进一步地测绘与考证，使实体空间的分析论述部分缺少确切而精准的依据。

最后，本书分析了中国古代园林意境审美在现代景观实践中的应用，仅从三个层面分析了现代景观中呼应中国古代园林意境审美的可能方向，并未成体系地提出现代景观借鉴中国古代园林意境文化的设计方法及策略。

通过对中国古代园林相关内容的研究,本书对中国古代园林文化的深刻内涵有了更新的认识。中国文化体系中的"天人合一"思想是中国继承千百年的文化基因,而园林文化则是这段基因片段的显性表达方式。笔者将就此方向不断深究,继续钻研中国古代园林意境表达同园林实体空间的关系,努力将研究形成体系,并为现代城市景观规划及设计提出些许策略及建议。

参考文献

[1] 宗白华.艺境[M].北京:北京大学出版社,1987.

[2] 李泽厚.美的历程[M].天津:天津社会科学院出版社,2001.

[3] 冈大路,常瀛生.中国宫苑园林史考[M].北京:农业出版社,1988.

[4] 金学智.中国园林美学[M].中国建筑工业出版社,2000.

[5] 孟兆祯.园衍[M].北京:中国建筑工业出版社,2015.

[6] 天津大学.清代御苑撷英[M].天津:天津大学出版社,1990.

[7] 周维权.中国古典园林史[M].北京:清华大学出版社,1990.

[8] 汪菊渊.中国古代园林史[M].北京:中国建筑工业出版社,2006.

[9] 曹林娣.中国园林艺术论[M].太原:山西教育出版社,2001.

[10] 罗哲文.园林谈往[M].北京:中国建筑工业出版社,2014.

[11] 刘敦桢.中国古代建筑史[M].北京:中国建筑工业出版社,1984.

[12] 计成.园冶注释[M].北京:中国建筑工业出版社,1981.

[13] 文震亨.长物志[M].北京:金城出版社,2010.

[14] 彭一刚.中国古典园林分析[M].中国建筑工业出版社,1986.

[15] 于敏中.日下旧闻考[M].北京:北京古籍出版社,1985.

[16] 傅玉华.北海景山公园志[M].北京:中国林业出版社,2000.

[17] 胡洁,孙筱祥.移天缩地:清代皇家园林分析[M].北京:中国建筑工业出版社,2011.

[18] 李文君.西苑三海楹联匾额通解[M].长沙:岳麓书社,2013.

[19] 北京林学院林业史研究室.颐和园楹联浅释[M].北京:科学出版社,1982.

[20] 王其钧.画境诗情:中国古代园林史[M].北京:中国建筑工业出版社,2011.

[21] 王毅.翳然林水[M].北京:北京大学出版社,2006.

[22] 何昉.从心理场现象看中国园林美学思想[J].中国园林,1989(03):20-27.

[23] 郭永久.园林尺度研究[D].北京:北京林业大学,2012.

[24] 王丹丹.北京公共园林的发展与演变历程研究[D].北京:北京林业大学,2012.

[25] 李久太.明代园记中的空间印象分析[D].北京:清华大学,2012.

[26] 赵向东.名象何曾定可稽,毕竟同归天一寥——中国古典园林建筑命名与分类及其审美境域研究[D].天津:天津大学,2012.

[27] 杨忆妍.皇家园林园中园理法研究[D].北京:北京林业大学,2013.

[28] 陈云文.中国风景园林传统水景理法研究[D].北京:北京林业大学,2014.

[29] 崔山.期万类之义和,思大化之周浃——康熙造园思想研究[D].天津:天津大学,2004.

[30] 刘翠鹏.意在笔先 融情入境——管窥中国园林意境的创造[D].北京:北京林业大学,2004.

[31] 王福兴.试论中国古典园林意境的表现手法[J].中国园林,2004(06):46-47.

[32] 赵晓峰.禅与清代皇家园林——兼论中国古典园林艺术的禅学渊涵[D].天津:天津大学,2003.

[33] 庄岳.数典宁须述古则,行时偶以志今游——中国古代园林创作的解释学传统[D].天津:天津大学,2006.

[34] 何佳.中国传统园林构成研究[D].北京:北京林业大学,2007.

[35] 庄岳,王其亨,邬东璠.中国古典园林创作的解释学传统[J].中国园林,2005(05):71-75.

[36] 赵丽.北海匾额楹联现状分析与意境解读[J].古建园林技术,2011(02):30-32+65.

[37] 胡婷,严钧.匾额意境的空间构建[J].中外建筑,2015(05):100-101.

[38] 周晓梅.匾额楹联——避暑山庄皇家园林的点睛之笔[C]//中国文物学会传统建筑园林委员会.中国文物学会传统建筑园林委员会第十五届学术研讨会会议文件.2004:31-36.

[39] 钟毓铸.造园意境与匾额、楹联[J].中国园林,1990(01):42-43+54.

[40] 陈秀中.境是天然赢绘画 趣含理要收精微——试析楹联匾额在风景园林中的审美价值[J].中国园林,1992(01):39-46.

[41] 夏成钢.清代皇家园林匾额楹联的形式与特征[J].中国园林,2009,25(02):73-77.

[42] 陈茸.中国传统园林空间句法浅析及其对当代地域性重构的意义[D].北京:清华大学,2012.

[43] 高洁.潍坊十笏园的园林空间尺度研究[D].北京:北京林业大学,2013.

[44] 张叶琳.清漪园匾联与园林意境营造[D].北京:北京林业大学,2013.

[45] 阎宏武.中国古典园林文化一隅——浅析匾额、楹联的多重涵义[J].山西建筑,2001(05):10-11.

[46] 曹林娣.中国园林匾额的文化美学价值[J].艺苑,2010(02):6-13.

[47] 陈芬芳.中国古典园林研究文献分析[D].天津:天津大学,2007.

[48] 李峥.平地起蓬瀛,城市而林壑——北京西苑历史变迁研究[D].天津:天津大学,2007.

[49] 余娴.北海公园空间解析[D].天津:天津大学,2008.

[50] 李婷婷.北方古典园林景观空间的地形营造初探[D].西安:西安建筑科技大学,2014.

[51] 牛萌.北海的历史变迁与保护[C]//中国风景园林学会(CHSLA),日本造园学会(JILA),韩国造景学会(KILA).第十一届中日韩风景园林学术研讨会论文集.2008:161-168.

[52] 秦岩.中国园林建筑设计传统理法与继承研究[D].北京:北京林业大学,2009.

[53] 李莎.中国文化艺术对园林理法的影响[D].北京:北京林业大学,2010.

[54] 朱光亚.中国古典园林的拓扑关系[J].建筑学报,1988(08):33-36.

[55] 张英杰.北京清代南苑研究[D].北京:北京林业大学,2011.

[56] 周岩,王劲韬.北京西苑琼岛历史与景观变迁述略[J].风景园林,2014(03):98-102.

[57] 张婧婍.承德避暑山庄山水地形与空间构建的分析[D].北京:北京林业大学,2014.

[58] 马岩.浅论北海园林艺术理法[D].北京:北京林业大学,2014.

[59] 金鼎.中国古典园林空间构形及可理解度之量化分析[D].天津:天津大学,2009.

[60] 高若飛,耿欣,章俊華. A study on names and spaces of the Kangxi 36 and Qianlong 36 scenic spots in the Chengde summer report China (平成21年度日本造園学会全国大会研究発表論文集(28))[J].ランドスケープ研究,2010,73:385-390.

[61] 高若飛,耿欣,章俊華. A study on the spatial composition of pavilions and landform-water in the Chengde Summer Resort,China[J]. Papers on Environmental Information Science,1999,24.

[62] 孔明亮,張清海,章俊華 et al.清末の重慶市における城門外の周辺空間の構成・機能及び特徴に関する研究[J].ランドスケープ研究,2013,76(5):605-610.

[63] 馬嘉,咸光珉,孔明亮.中華民国時代南京市における駐中華民国外国公館の分布および外部空間構成の特徴(平成27年度日本造園学会全国大会研究発表論文集(33))[J].ランドスケープ研究:日本造園学会誌,2015,78:473-476.

[64] 馬嘉,孔明亮,章俊華,et al.中華民国時代における南京市公館の外部空間の構成特徴に関する研究[J].ランドスケープ研究,2014,77.

［65］ 章俊華. 中国皇家庭園頤和園における「扁額」からみた庭園空間の特徴について（平成11年度日本造園学会研究発表論文集（17））［J］. ランドスケープ研究：日本造園学会誌，1999，62：761-764.

［66］ 章俊華. 中国皇家庭園と私家庭園の「屋宇」による空間構成の特徴とその比較について（平成12年度日本造園学会研究発表論文集（18））［J］. ランドスケープ研究：日本造園学会誌，2000，63：399-402.

［67］ 咸光珉，孔明亮，章俊華，et al. 扁額からみた中国・頤和園と韓国・昌徳宮後園空間の特徴と比較［J］. ランドスケープ研究，2013，76：501-504.